Kapitel 5. Mit Fett den Muskelturbo zünden. 72

Weniger Kohlenhydrate für mehr Fettverbrennung. 74
Etwas Geduld, bitte. 75
Thomas Tai: Nach fettarm kam fettreich. Für mich eine Revolution. 76
Very Low Carbohydrate Ketogenic Diet (ketogene Ernährung) 78
Mit noch mehr Fett zum Ketarier. 78
Und irgendwelche Nachteile? 80
Genauer hingucken lohnt sich. 81
HDL und LDL 82
EPA und DHA 82

Kapitel 6. Weniger Körperfett für mehr Leistung. 86

Mitochondrien 88
Metabolisches Syndrom 89
An dieser Stelle soll der Begriff »Low-Carb« einmal definiert werden. 91
Blutglukose zügeln 92
Mark Warnecke: Die Insulinfalle hatte bei mir zugeschnappt! 94
Mehr Sättigung für optimalen Fettabbau. 96
Reduktion von Körperfett – Step by Step. 96

Kapitel 7. Mehr für die Gesundheit tun: Die LOGIsche Alternative. 98

Die LOGI-Pyramide 100
LOGI als Sportlerbasiskost. 104
Heike Lemberger: Mein Weg zum Marathon mit LOGI. 106
Wie optimierte ich meine Kohlenhydratspeicher? 106
Tempotraining, LOGI und Bestzeit. 107
Was sagt die Wissenschaft zu LOGI? 108

Kapitel 8. Low-Carb bei Sportlern clever eingesetzt. 110

Mehr Power. 111
Danny Ecker: Mehr Energie und weniger Mittagstiefs. 112
Mehr Ausdauer. 114
Mehr Spielfreude. 120

Kapitel 9. Low-Carb in der Sportlerküche: Die tägliche Praxis 122

Schonend zubereiten, um AGE zu vermeiden. 123
Wenn der kleine Hunger kommt … 124
Und so kann es konkret aussehen. 125
Proteinreiches Frühstück. 125
Proteinreiches Mittagessen. 125
Proteinreiches Abendessen. 126
Jan Schult: Mahlzeiten planen ist die halbe Miete! 128

Literaturhinweise. 130

Vorwort von Clifford Opoku-Afari.

Als aktiver Leichtathlet wusste ich noch nicht viel über Ernährung. Mein gesamtes Wissen über Nährstoffe las ich mir früher über Magazine und Zeitschriften an. Darin hieß es immer: Sportler sollen viele Kohlenhydrate essen. Gesagt, getan: Morgens Müsli, mittags Nudeln und abends Apfelpfannkuchen. Dazu ein wenig Fleisch und Gemüse, und hin und wieder einen Weight-Gainer-Shake. Ein kohlenhydratreiches Pulver, das mit Milch angerührt die Kalorienzufuhr und damit den Muskelaufbau fördern sollte. So in etwa sah meine Ernährung aus. Für einige Zeit führte ich regelmäßig Buch über meine Mahlzeiten und rechnete mithilfe von Nährwerttabellen meine tägliche Kalorienzufuhr und die Nährstoffverteilung aus. Diesen Aufzeichnungen zufolge lag mein Kohlenhydratanteil bei circa 70 bis 75 Prozent. Darauf war ich stolz, denn offensichtlich setzte ich die Sportlerempfehlungen zur kohlenhydratbetonten Ernährung sehr gut um. Zwar musste ich mich aufgrund meines »schnellen Stoffwechsels« und meines hohen Trainingsumfanges nie um überschüssiges Körperfett sorgen, dennoch hielt ich meinen Fettanteil in der Nahrung bei knapp 15 Prozent. Denn Fett macht fett – so war meine damalige Überzeugung. Ich mied Nüsse, Käse, fette Soßen und verzehrte nur fettarme Milchprodukte. Die übrigen Tageskalorien resultierten zu circa 10 bis 15 Prozent aus Proteinen. So richtig gut satt wurde ich allerdings selten. Ich erinnere mich noch, wie ich zu Beginn meines Studiums täglich vier bis fünf Scheiben trockenes Vollkornbrot mit zu den Vorlesungen nahm, um meinen stets vorhandenen Hunger zu stillen. Aus heutiger Sicht kaum zu glauben: Trotz aufkommender Magen-Darm-Probleme (wie ich heute weiß: aufgrund des hohen Getreideanteils) hielt ich an meiner Ernährungsstrategie fest. Der Glaube an die Wirksamkeit kohlenhydratbetonter Nahrung für Sportler war größer als mein Unwohlsein. Zudem wagte ich nicht, ausgerechnet Vollkornbrot für meine Magenbeschwerden und Blähungen verantwortlich zu machen. Zwar konnte ich damals mit Leichtigkeit meinen Körperfettanteil zwischen sechs und zehn Prozent halten, allerdings wollten sich selbst durch fünf Einheiten Krafttraining pro Woche nicht die erwünschten Muskeln aufbauen. Gleichzeitig stieg meine Lust auf Süßes unaufhaltsam. Kaum eine Bäckerei war vor mir sicher, und so konsumierte ich phasenweise Unmengen an Nussecken, Schokoladencroissants, Mandelhörnchen und Rosinengebäck.

Ich beendete meine Leichtathletik-Laufbahn im Alter von 24 Jahren. Zu gerne würde ich rückblickend wissen, ob die Umsetzung meiner heutigen Kenntnisse über Kohlenhydrate, Fette, Proteine, Mahlzeitentiming, Supplemente und »Vitalstoff«-Zufuhr positiven Einfluss auf meine damalige hohe Verletzungsanfälligkeit und die unzureichende Entfaltung meines Potenzials genommen hätte. Die Erfahrung zeigt, dass leider sehr viele ambitionierte Sportler früher oder später Probleme an Achilles- oder Patellasehne bekommen. Andere erleiden Rückenschmerzen, Ermüdungsbrüche oder Verletzungen am Kapsel- oder Bandapparat. Mich selbst haben solche Verletzungen zum Teil Monate bis Jahre zurückgeworfen.

Heute ahne ich: Viele meiner Mitstreiter und ich hätten sehr wahrscheinlich von einer anderen, einer für Schnellkraftdisziplinen bedarfsgerechteren Ernährung stark profitiert. Da ich mittlerweile unzählige Sportler und deren Ernährungsweise beobachtet habe, kann ich sagen: In vielen Fällen investieren Sportler viel zu wenig Zeit und Energie in die Umsetzung einer optimalen Ernährung. Fast schon erschreckend nachlässig gehen etliche Athleten mit dem Thema Ernährung um und versäumen damit vermutlich eine große Gelegenheit, ihr Leistungsniveau noch weiter zu erhöhen. Außerdem habe ich viele Menschen kennengelernt, die in einem der deutschlandweit 5.500 kommerziellen Fitnessclubs trainieren, ohne die gewünschten Effekte zu erzielen. Trotz Training purzeln oft weder die Pfunde wie gewünscht noch bilden sich Muskeln wie erhofft. Zwar lässt sich nur schwer sagen, zu wie viel Prozent die Ernährung die Leistungsfähigkeit eines Sportlers bestimmt. Ziele wie Gewichtsreduktion und Muskelaufbau sind aber sicherlich ohne passende Ernährungsweise nicht zufriedenstellend zu bewerkstelligen. Doch selbst wenn keine direkte Leistungssteigerung durch eine Ernährungsumstellung zu erwarten ist, so lässt sich ein indirekter Vorteil doch zumindest über eine schnellere Regeneration und verringerte Verletzungsanfälligkeit durch geeignete Kost erreichen. Dessen sind sich erfahrungsgemäß nur wenige Sportler bewusst. Und diejenigen, die sich schlau machen, bekommen im Regelfall eines zu hören: Sie sollen viele Kohlenhydrate essen – die sollen nämlich fit machen und Leistung bringen. Dies stimmt zum Teil auch. Allerdings gibt es spannende Alternativkonzepte zur klassischen Low-Fat- und High-Carb-Kost, mit denen sowohl der Breitensportler, der zum Abnehmen ins Fitnessstudio geht, als auch der Leistungssportler, der sich zum Beispiel auf Wettkämpfe vorbereitet, möglicherweise mehr Power, mehr Ausdauer und mehr Gesundheit erzielen kann. In Zusammenarbeit mit dem Münchner Ernährungswissenschaftler Nicolai Worm und der Diplom-Oecotrophologin Heike Lemberger aus Hamburg habe ich nun dieses Buch verfasst, um Sportlern von den neuesten Erkenntnissen aus der Sporternährungswissenschaft zu berichten. Dieses Buch zeigt einige interessante Möglichkeiten, wie man mehr vom Sport haben kann. Natürlich gibt es kein generelles Ernährungskonzept, das für die Bedürfnisse jedes einzelnen Sportlers perfekt ist. Es gilt stets, die individuellen Bedürfnisse und Zielsetzungen entsprechend zu berücksichtigen. Daher bietet dieses Buch Ideen und Konzepte sowohl für Fitnessfans, Ausdauerathleten, Kraft- und Schnellkraftsportler als auch für Sportler aus Ballsportarten. Neben umfangreicher Diskussion aktueller Literatur zu Proteinen, Kohlenhydraten und Fetten finden Sie konkrete beispielhafte Ernährungspläne für mehr Power, mehr Ausdauer und mehr Spielfreude. Dabei haben wir »Vitamine und Sport« aufgrund der Komplexität dieses Themas ausgelassen. Weiterhin haben in diesem Buch namhafte Sportler ihre individuellen Erfahrungen geschildert. So können Sie zum Beispiel in »Mehr vom Sport nachlesen«, mit welchen Ernährungskonzepten Boxweltmeister Felix Sturm sein Wettkampfgewicht erreicht, Stabhochsprungass Danny Ecker sein Mittagstief überwindet und wie sich Mark Warnecke mit einer Ernährungsumstellung für den Gewinn der Goldmedaille bei den Schwimmweltmeisterschaften fit gemacht hat.

Ich wünsche Ihnen viel Spaß beim Lesen dieses Buches und viel Erfolg bei der Umsetzung der hier beschriebenen Methoden. Auf das Sie »Mehr vom Sport haben«!

Mit sportlichen Grüßen

Ihr Clifford Opoku-Afari

Von antiken Helden zu Fitnessclub-mitgliedern. Ernährung für Aktive im Wandel.

Kapitel 1

Schon lange beschäftigen sich aktive Menschen mit der Frage, welche Nahrungsmittel beziehungsweise welche Mengen sie zu welchen Zeitpunkten essen müssen, um ihre Leistungsfähigkeit zu verbessern. Die Vorstellungen optimaler Ernährung änderten sich im Laufe der Geschichte ständig. Manche Ernährungsstrategien haben dabei zu besseren Leistungen beitragen können, manch andere nicht. Auf dieser Suche nach der optimalen Kost haben viele Sportler ihre ganz eigenen Vorstellungen entwickelt.

Heutzutage geht eine Vielzahl an Wissenschaftlern der Frage nach dem Nährstoffbedarf für Sportler nach. Mittlerweile existieren etliche Untersuchungen darüber, welche Auswirkung zum Beispiel viele oder wenige Kohlenhydrate, Fette, Proteine oder Nahrungsergänzungspräparate auf Kraft, Ausdauer oder Regeneration haben. Dabei hat sich in den letzten 30 Jahren eine Ernährungsphilosophie herauskristallisiert, die angeblich dem grundlegenden Nährstoffbedarf von Sportlern gerecht wird. Die Empfehlungen zur Sporternährung zielen dabei in der Regel auf kohlenhydratreiche und fettarme Kost. Um die Muskulatur optimal mit Treibstoff zu versorgen, soll der Anteil an Kohlenhydraten in der Nahrung nicht weniger als 55 bis 60 Prozent und maximal 30 Prozent Fett ausmachen. Interessanterweise gelten die gleichen Empfehlungen auch für alle anderen Personen: Ob jung oder alt, dick oder dünn, mehr oder weniger körperlich aktiv – alle sollen das Gleiche essen und alle sind damit angeblich perfekt versorgt!

In jüngerer Zeit erkennt man aber in der Sportmedizin und der Ernährungswissenschaft eine Aufbruchstimmung. Die neuen Erkenntnisse werfen die alten Empfehlungen immer mehr über den Haufen. Die sonst übliche »Kohlenhydrate sind die Fitmacher Nummer 1«-Philosophie wird mittlerweile für viele Sportarten als nicht mehr zeitgemäß betrachtet. Physiologen richten ihren Blick verstärkt auf die Effekte von Proteinen und Fetten zur Entfaltung optimaler Leistungsfähigkeit und Gesundheit. Doch ehe wir auf die neuesten Erkenntnisse zeitgemäßer Sportlerkost eingehen, sei zunächst einmal ein Blick in die Historie der Sporternährung erlaubt. Dies soll klar machen, welche unterschiedlichen Empfehlungen zum Teil ausgesprochen und welche Strategien von Sportlern angewandt wurden.

532 bis 516 v. Chr.: Der griechische Ringer Milon von Kroton erlangte Berühmtheit durch mehrere Siege bei den antiken olympischen Spielen. Um ihn ranken sich verschiedene Mythen. So soll er unter anderem täglich bis zu neun Kilogramm Fleisch gegessen haben, um seinen Eiweißhunger zu stillen.

450 v. Chr.: Krieger und Athleten essen unter anderem Löwenherzen und Hirschleber, um sich nach antiker Vorstellung den Mut und die Geschwindigkeit dieser Tiere einzuverleiben. Verbreitet war die Meinung, man müsse das Fleisch muskulöser Tiere (zum Beispiel Bullen) essen, um selbst muskulös werden zu können.

1809: Captain Barclay, einer der bekanntesten Anhänger des Pedestrianism (einer Form des schnellen Gehens, die wir heutzutage als Walking bezeichnen), verpönte Wasser. Zusätzlich sollen Gemüse, Salz, Eier und Milch für Walkinganhänger tabu gewesen sein, genauso wie Fisch – man war damals der Meinung, er wäre nicht nährstoffreich genug. Barclay, der von 1779 bis 1854 gelebt hat, soll seinen Energiebedarf mit reichlich Fleisch und seinen Flüssigkeitsbedarf nach dem Sport mit Wein, Bier und Tee gedeckt haben und erlangte Ruhm mit einer gewonnen Wette: Er walkte 1.000 Meilen in 1.000 Stunden.

1920er: Von Ernährungsexperten wird verstärkt auf die Bedeutsamkeit von Kohlenhydraten für längere Ausdauereinheiten hingewiesen. Bei Untersuchungen an Marathonläufern, die am Boston Marathon 1923 teilnahmen, fallen erniedrigte Blutzuckerwerte nach dem Wettkampf auf. Daraufhin werden bereits im Folgejahr Süßigkeiten für die Athleten bereitgestellt, um einer drohenden Unterzuckerung vorzubeugen. Dass diese Unterzuckerung möglicherweise die im Laufe einer Ausdauerbelastung eintretende Erschöpfung verursachen könnte, wird erst ein paar Jahre später durch Beobachtungen während des olympischen Marathons in Amsterdam 1928 deutlich. Diese Erkenntnisse werden allerdings zunächst ignoriert, und es gibt die Empfehlung, zum Beispiel kohlenhydrathaltige Getränke nur bei Kälte zu verwenden. Hingegen wird Wasser als optimales Sportlergetränk für längere Belastungen betrachtet.

1940er: Experimente zeigen keine Leistungsverbesserungen einer Proteinsupplementation auf die Ausdauerleistungsfähigkeit. Dennoch legen viele Sportler Wert auf Proteine in ihrer Nahrung. Es wird klar, dass erhöhte Proteinzufuhr wohl den Aufbau von Muskelmasse begünstigt.

1951: E. H. Bensley schreibt in seinem Artikel »The Feeding Of Athletes«, dass es keine Gründe für die Supplementation einer Sportlerernährung mit Vitaminen oder Kreatin gibt.

1952: Eine Datenerhebung während der Olympischen Spiele in Helsinki zeigt folgende durchschnittliche Nährstoffverteilung bei den Sportlern (ohne nähere Berücksichtigung der Sportart oder des Geschlechtes): 40 Prozent Kohlenhydrate, 20 Prozent Protein und 40 Prozent Fett. Außerdem wird unzureichende Energiezufuhr als wesentlicher Grund für schlechtere Leistungen angesehen.

1965: Es wird einer der Grundsteine für heute übliche Sportlergetränke gelegt. Denn nachdem sich das American Football Team der Florida Gators bei ihrem betreuenden Mannschaftsarzt über den ständig hohen Wasserverlust und der damit einhergehenden Schwächung während ihrer Footballspiele ausließen, kreierte der Arzt sogleich ein kohlenhydrat- und elektrolytreiches Getränk. In der Folgezeit gewinnen die Gators mithilfe des neuen Gebräus ihre Spiele häufiger und entscheiden diese erstaunlich oft erst kurz vor Schluss. Sie widmen den Sieg bei einem wichtigen Meisterschaftsspiel im Jahr 1967 der leistungserhaltenden Wirkung ihres liebgewonnenen Getränkes, woraufhin dieses kommerzialisiert und später weltweit berühmt wird. Angelehnt an den Teamnamen Florida Gators wird das Getränk Gatorade® genannt.

Späte 1960er: Untersuchungen in Schweden zeigen Leistungsverbesserungen im Ausdauersport durch kohlenhydratbetonte Ernährung. Kohlenhydrate erleben einen regelrechten Aufschwung und entsprechende Kohlenhydrataufladetechniken (Carboloading) werden entwickelt.

1969: Der Europameister im Marathon von 1969, Ron Hill, ist wohl der erste, der zur Vorbereitung auf die 42,195 Kilometer lange Distanz ein Carboloading anwendet. Seine Siegerzeit beträgt 2:16:47 Stunden.

1975: Eine Untersuchung von Perkins und Williams zeigt keine Vorteile eines koffeinhaltigen Getränkes auf die Ausdauerleistungsfähigkeit. Dennoch ist in den 1970er-Jahren unter anderem im Radsport Cola eines der beliebtesten Getränke.

1984: Arnold Schwarzenegger veröffentlicht sein Werk: Das große Bodybuilding Buch. Er weist darauf hin, dass ein Bodybuilder zum Muskelaufbau doppelt so viel Eiweiß benötigt wie Nichttrainierende.

1984: Koffein landet zum zweiten Mal als verbotene Substanz auf der Dopingliste.

1988: Unter anderen Coggan und Coyle berichten, dass es Vorteile hat, während des Sportes ein kohlenhydratreiches Getränk zu sich zu nehmen.

1990er: Einzelne Aminosäuren rücken in den Fokus, und Sportler nehmen verstärkt Proteine bereits während einer Belastung zu sich.

1991: Carl Lewis stellt bei den Leichtathletik-Weltmeisterschaften in Tokio mit 8,91 Meter im Weitsprung und 9,86 Sekunden (damals Weltrekord) über 100 Meter zwei persönliche Bestleistungen auf. Im Sommer zuvor stellte er seine Ernährung auf vegetarische/vegane Kost um und berichtet, dass er seine Form durch diese Ernährungsweise steigern konnte.

1992: Lemon veröffentlicht Untersuchungen, aus denen hervorgeht, dass der Proteinbedarf für Ausdauer- und Kraftsportler um 50 bis 100 Prozent höher liegt als offizielle Ernährungsempfehlungen vorgeben.

2001: Der Arbeitskreis Sport und Ernährung der Deutschen Gesellschaft für Ernährung schrieb in einer Stellungnahme zur Sporternährung, dass der Bedarf an Proteinen für Bodybuilder und Kraftsportler auch mit dem Verzehr der für Nichtsportler empfohlenen Mengen gedeckt ist.

2004: Die World Anti-Doping Agency entscheidet sich, Koffein von der Dopingliste zu streichen.

2006: Nahrungsergänzungen erfreuen sich unter Sportlern großer Beliebtheit. So geben zum Beispiel 50 Prozent der Athleten der 7. South American Sports Games an, Nahrungsergänzungen zu benutzen. Dabei werden von den 234 befragten Sportlern aus 25 Sportarten am häufigsten Vitamine (39,7 Prozent), Mineralien (21,9 Prozent) und Aminosäuren (18,9 Prozent) verwendet.

2007: Die International Society of Sport Nutrition weist in einer ihrer Veröffentlichungen darauf hin, dass eine zwei- bis dreifach über den Empfehlungen für Nichtsportler liegende Proteinzufuhr nicht nur gesundheitlich unbedenklich ist, sondern auch die Trainingsanpassung in Verbindung mit einem Krafttraining verbessert.

750 Gramm Kohlenhydrate sind enthalten in …

· knapp 1,9 kg Brot oder
· 1,2 kg Müsli oder
· 1 kg Reis

Die Nudelparty ist out!

Ohne Frage spielen Kohlenhydrate im Energiestoffwechsel eines Sportlers eine große Rolle. Allerdings sind die Möglichkeiten zur Kohlenhydratspeicherung im menschlichen Körper begrenzt. Daher stellt besonders in Ausdauerdisziplinen die Größe der Kohlenhydratspeicher einen leistungslimitierenden Faktor dar. In den 1960er-Jahren wurde durch Studien die Bedeutsamkeit der Kohlenhydrate im Sport noch einmal kräftig untermauert. Seitdem konzentrierte sich die Sporternährungswissenschaft auf das Füllen und Vergrößern der Kohlenhydratspeicher und empfiehlt stets, reichlich Kohlenhydrate zu essen. Circa acht bis zehn Gramm pro Kilogramm Körpergewicht lautet die Empfehlung für Sportler in Phasen intensiven Trainings. Für einen 75 Kilogramm schweren Athleten ergibt das circa 600 bis 750 Gramm Kohlenhydrate am Tag.

Um beispielsweise für einen Marathon ausreichend Energie in Form von Kohlenhydraten zur Verfügung zu stellen, bevorzugen viele Läufer einen Tag vor dem Wettkampf kohlenhydratreiche Mahlzeiten. Da bei Veranstaltungen häufig Essen für eine große Anzahl an Sportlern zubereitet werden muss, stellen Nudeln eine kostengünstige Verpflegungsmöglichkeit dar.

Doch welche Sportler benötigen überhaupt solch hohe Mengen an Kohlenhydraten?

Und was passiert mit überschüssigen Kohlenhydraten, wenn die Speicher voll sind?

Sind Kohlenhydrate ebenso hilfreich, wenn ein Sportler Körperfett verlieren möchte?

Sind sie außerdem in hohen Mengen auch in Phasen des reduzierten Trainings, der Regeneration oder Verletzung notwendig?

Je nach Intensität und Umfang einer Trainingsphase kann sich das umfangreiche Verzehren von Müsli & Co. oft auch nachteilig auswirken. Daher existieren mittlerweile Ernährungskonzepte für Sportler, bei denen der Fokus mehr auf Fette und Proteine verlagert wird. Das klassische Futtern von reichlich Kohlenhydraten rückt dabei für einige Sportarten immer stärker in den Hintergrund.

In der Therapie von Übergewicht sind die Vorteile von mehr Proteinen und Fetten zur Reduktion überschüssigen Körperfettes und/oder der Vermeidung von Herz-Kreislauf-Erkrankungen schon lange bekannt. Allerdings galten kohlenhydratreduzierte Kostformen immer eher als »Außenseiterdiät«. Hier hat in letzter Zeit ein starkes Umdenken stattgefunden. Erstens hat die Orientierung an den etablierten Ernährungsempfehlungen die stetig steigende Zahl an Übergewichtigen, Diabetikern oder Herz-Kreislauf-

Erkrankungen nicht stoppen können. Im Gegenteil: Die Botschaft wurde erhört und umgesetzt. Der Fettanteil in der Nahrung sank, und der Kohlenhydratanteil stieg. Aber der Anteil Übergewichtiger, wie auch das durchschnittliche Gewicht ist heute so hoch wie noch nie zuvor. Zweitens weist die Fachliteratur inzwischen aus, dass Low-Carb zu deutlich besseren Erfolgen bei der Gewichtsreduktion führt als Low-Fat! Fast täglich erscheinen neue Untersuchungen, aus denen hervorgeht, dass die klassische Low-Fat-Kost auch für das Herz-Kreislauf-System ungünstiger ist als kohlenhydratreduzierte, eiweiß- und fettoptimierte Kostformen. Nichtsdestotrotz wehren sich Ernährungsfach-gesellschaften vehement gegen eine Anpassung der Ernährungsrichtlinien. Die Gründe dafür sind nicht im physiologischen Bereich zu suchen, sondern im politischen.

Die Nachricht, dass weniger Kohlenhydrate, mehr Proteine und die richtigen Fette einige Vorteile bieten, ist auch in der Sporternährung angekommen. So lautete unter anderem der Titel eines Artikels auf NBCSports.com vom August 2008, der über die Olympiavorbereitungen amerikanischer Turner berichtete: »Was essen eigentlich Turner? Athleten stellen fest, dass ihnen Carboloading nicht viel hilft.« Denn in man-chen Fällen kann eine eiweiß- und fettbetonte Kost zu mindestens genauso guten Resultaten führen, wie das Schlemmen vieler Kohlenhydrate. Und im Bereich der Vor-beugung und Therapie von Übergewicht und Herz-Kreislauf-Erkrankungen bietet sie klare Vorteile. Dabei spielt eine erhöhte Eiweißzufuhr eine besondere Rolle, wie hier im Buch noch ausführlich dargelegt wird.

Bisherige Ernährungskonzepte beschränkten den Eiweißanteil in der Sportlerernahrung meist recht deutlich. Oft aus Angst vor gesundheitlichen Schädigungen durch eine höhere Eiweißzufuhr. In den nachfolgenden Kapiteln wird klar, warum es sich lohnt, seine Ernährung phasenweise oder weitgehend auf mehr Proteine und Fette umzustel-len, warum Aminosäuren leistungssteigernd wirken können und wie sich mit Fett der Muskelturbo zünden lässt.

Name:	Heide Ecker-Rosendahl
Sportart:	Leichtathletik – Weitsprung/Sprint/Mehrkampf (TSV Bayer 04 Leverkusen)
Größte Erfolge:	zweifache Olympiasiegerin (1972), Olympia-Zweite (1972), Europameisterin (1971) und 40-fache Deutsche Meisterin
Alter:	62 Jahre

Hunger auf Protein hatte ich schon immer.

Zu Beginn meiner sportlichen Laufbahn Anfang der 1960er-Jahre leiteten meine Eltern eine Sportschule des Landessportbundes Nordrhein-Westfalen. Dort fanden immer wieder Vorträge von Medizinern zum Thema Ernährung statt. Eine der Aussagen in diesen Veranstaltungen war stets: Sportler sollten viel Obst und Gemüse in Form von Rohkost essen. Später (in den 1970ern) rückten Kohlenhydratquellen wie zum Beispiel Kartoffeln oder Getreideprodukte mehr in den Vordergrund. Sie sollten die Leistungsfähigkeit erhöhen. Und obwohl auch meine Eltern mir ständig vermitteln wollten, dass Sättigungsbeilagen wie Kartoffeln wichtig für mich wären, entschied ich mich instinktiv gegen kohlenhydratreiche Beilagen und lieber für mehr Fleisch oder Fisch. Zeitweise aß ich sogar ein paar Jahre lang gar keine Kartoffeln, wohingegen viele meiner Kolleginnen und Kollegen aus dem Leistungssport auf regelmäßigen Kartoffel- oder auch Brotkonsum großen Wert legten. Bei mir war das anders: Ich hatte als Sportlerin immer einen regelrechten Heißhunger auf Eiweißquellen wie zum Beispiel Fleisch.

So sah das Mittagessen zu meiner aktiven Zeit als Leichtathletin oft so aus, dass ich große Portionen Rindfleisch mit Gemüse kombinierte, bei gleichzeitigem Verzicht auf eine kohlenhydratreiche Beilage. Als Zwischenmahlzeit bereitete ich mir häufig einen Quark mit Früchten zu oder kochte mir ein paar Eier. Mit meiner Schwester lieferte ich mir sogar Wettkämpfe, wer an einem Tag die meisten Eier essen konnte. Meistens entschied ich dieses Geschwisterduell für mich. Ich aß auch schon mal bis zu 30 Eier an nur einem einzigen Tag. Natürlich hatte ich damals keine Ahnung davon, dass diese kohlenhydratreduzierte, proteinbetonte Ernährungsweise als Low-Carb bezeichnet und nun ein paar Jahrzehnte später von Beratern in der Sporternährung empfohlen werden würde.

Auch meine Mahlzeiten an den Vorabenden der Wettkämpfe bei den Olympischen Spielen 1972 in München bestanden dementsprechend aus Fisch oder Fleisch mit reichlich Gemüse. Natürlich fiel mir auf, dass ich mich anders ernährte als meine Sportlerkollegen. Allerdings ahnte ich nicht, dass ich mir durch den betonten Proteinanteil in meiner Ernährung vermutlich instinktiv ein paar Vorteile in meiner Leistungsfähigkeit verschafft hatte. Jahre später, nachdem ich bereits vom Leistungssport und Wettkampfgeschehen zurückgetreten war, machte ich mir dann doch hin und wieder darüber Gedanken, ob meine Ernährung wirklich optimal war. Denn in den letzten 20 bis 30 Jahren wurden ja von Beratern und Medien vor allem Kohlenhydrate in der Sporternährung als »die Fitmacher schlechthin« gepriesen. Sollte ich mich eventuell doch nicht ideal ernährt haben? Wäre meine Leistungsfähigkeit unter kohlenhydratreicher Kost vielleicht noch höher ausgefallen? Heute weiß ich: Mein Körpergefühl, das mir stets signalisierte »Iss mehr Eiweiß«, lag wohl richtig. Zumindest berichtet die aktuelle Ernährungswissenschaft nun regelmäßig über die leistungs- und regenerationsfördernden Effekte eines betonten Proteinanteils in der Nahrung.

Da ich dem Leistungssport stets über verschiedene Ämter und Funktionen in Verbänden und Vereinen verbunden geblieben bin, habe ich auch heute einen guten Einblick in die Strategien zur Wettkampfvorbereitung vieler Sportler. Hinsichtlich der Ernährung fallen mir immer wieder zwei Dinge auf: Zum einen fehlt es bei vielen Athletinnen und Athleten an Bewusstsein, welchen positiven Einfluss eine gute Ernährung auf ihr Leistungsvermögen haben kann. Einige Sportler ernähren sich in meinen Augen nicht durchgängig, sondern nur zeitweise optimal. Vor allem wundere ich mich ständig über den regelmäßigen Konsum von Junkfood vor und nach den Wettkämpfen. Zum anderen ist die noch immer sehr kohlenhydratreiche Ernährungsweise vor allem bei Ausdauersportlern auffällig. Nudelpartys und reichlich Getreideprodukte werden nach wie vor proteinreicher Kost vorgezogen. Meinem Empfinden nach sollte hier ein Umdenken stattfinden, denn neueste Erkenntnisse zeigen, dass Low-Carb offensichtlich einige Vorteile im Ausdauersport mit sich bringt.

Kohlenhydrate: Wer sie braucht und wer nicht.

Kapitel 2

Sie gelten als Fitmacher Nummer 1. Besonders Sportler sollen hohe Mengen an Kohlenhydraten zuführen, um ihre Muskeln anzutreiben. Ernährungsempfehlungen für Sportler geben zum Teil bis zu 70 Prozent Kohlenhydratanteil in der täglichen Nahrung vor. Denn in der Tat liefern diese in Pflanzen produzierten Nährstoffe einen wichtigen Beitrag zur Energiegewinnung. Grundsätzlich kommen bei physischer Aktivität überwiegend Kohlenhydrate und Fette zum Einsatz. Unter bestimmten Voraussetzungen können allerdings auch Proteine zur Verbrennung herangezogen werden. Die Anteile der einzelnen Nährstoffe am Energiestoffwechsel sind abhängig von der Dauer und Intensität der Betätigung. Bei mehrstündigen Belastungen kann der Anteil der Fettverbrennung bis zu vier Fünftel betragen. Kurzfristige intensive Muskeleinsätze werden jedoch fast ausschließlich durch Phosphate beziehungsweise Kohlenhydratverbrennung ohne (anaerob) und mit (aerob) Sauerstoffzufuhr realisiert. Die Mechanismen der Fettverbrennung benötigen im Vergleich zur Kohlenhydratverbrennung deutlich mehr Sauerstoff und außerdem mehr Zeit. Fette sind daher eher als mittel- und langfristige Energieträger anzusehen.

> **Typ-I- und Typ-II- Muskelfasern**
>
> Jeder Mensch verfügt über eine zum Teil genetisch festgelegte Verteilung von ausdauernden (Typ I oder slow twitch fibres) und schnellkräftigen (Typ II x oder fast twitch fibres) Muskelfasern. Es gibt weiterhin eine Mischform (Typ II a). Die roten Typ-I-Fasern bevorzugen Fettsäuren, die weißen Typ-II-a-Fasern Glukose als Energieträger.

Besonders die schnellzuckenden Typ-II-Muskelfasern, die für Kraft- und Schnellkraftentwicklung nötig sind, bevorzugen Kohlenhydrate, sprich Glukose als Hauptenergiequelle. Diese Muskelfasern zeichnen sich daher durch eine hohe Aktivität kohlenhydratverstoffwechselnder Enzyme aus. Während unter Belastung die Fettsäurenverbrennung mehr Zeit benötigt, um größere Mengen Energie zu liefern, stellen Kohlenhydrate einen sofort verfügbaren, wenn auch limitierten Energielieferanten dar. Abhängig von Körpergröße, Gewicht, Trainingszustand und Ernährungsweise stehen dem menschlichen Körper begrenzte Kohlenhydratspeicher in der Leber (circa 100 Gramm) und der Muskulatur (circa 300 bis 500 Gramm) zur Verfügung.

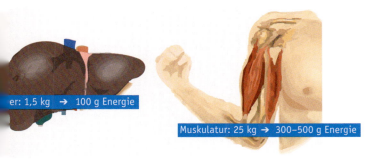

Leber: 1,5 kg → 100 g Energie
Muskulatur: 25 kg → 300–500 g Energie

VO$_2$max

Kriterium zur Beurteilung der Leistungsfähigkeit im Ausdauersport. Gemessen wird hierbei die maximale Sauerstoffaufnahmekapazität. Sowohl absolut (O$_2$-Umsatz pro Minute) als auch relativ (Wert geteilt durch das Körpergewicht des Sportlers).

Hypoglykämie/Hyperglykämie

Zu geringer beziehungsweise übermäßiger Glukosegehalt im Blut.

Die durch Nahrung gelieferten Kohlenhydrate werden dabei zunächst in Glukose umgewandelt, um anschließend als sogenanntes Glykogen in Muskeln und Leber eingelagert zu werden. Man spricht daher von den Glykogenspeichern. Für einige Sportarten kann es von Bedeutung sein, diese Speicher stets gut gefüllt zu haben oder ihren Umfang sogar zu erhöhen. Immer wieder konnte beim Vergleich von Ausdauersportlern, die kurzfristig (bis etwa zwei Wochen) entweder viele Kohlenhydrate oder viele Fette zu sich nahmen, festgestellt werden, dass die Ausdauerleistungsfähigkeit unter kohlenhydratreicher Kost zunächst besser ausfiel. Als Begründung wurde die erhöhte Kapazität der Glykogenspeicher durch die kohlenhydratreiche Ernährung genannt. Unzureichende Kohlenhydratzufuhr kann bei Ausdauersportlern zur Verarmung der Kohlenhydratspeicher und damit zu vorzeitiger Ermüdung oder sogar zum Belastungsabbruch führen. Immer wieder ereilt etliche Athleten bei Volksläufen dieses Schicksal, denn die Glykogenspeicher werden zum Beispiel im Verlauf eines Marathons leer gelaufen. Costill konnte 1988 zeigen, dass das subjektive Belastungsempfinden von Probanden beim Ausüben einer definierten dreistündigen Ausdauerbelastung (75 Prozent der maximalen Sauerstoffaufnahmekapazität – VO$_2$max) sich durch Absenken des Muskelglykogens nach circa einer Stunde zunehmend erhöht.

Der Glukosegehalt im Blut kann mit zunehmender Belastungsdauer schlechter aufrechterhalten werden. Somit können Probleme in der Energieversorgung entstehen. Diese unzureichende Versorgung der Muskeln tritt häufig nach circa zwei Stunden Belastungsdauer auf und hat schon den einen oder anderen Marathonläufer zur Aufgabe gezwungen. Das gleichmäßige Liefern von Kohlenhydraten (aus der Leber und den Vorräten in den Muskelglykogenspeichern) ist daher vor allem für Sportler interessant, deren Belastungsdauer 90 bis 120 Minuten überschreitet.

Muskeln laden für hohe Intensitäten.

Zweifelsohne leisten Kohlenhydrate für Sportler einen wichtigen Beitrag zur Entfaltung optimaler Leistungsfähigkeit. Allerdings wurde in den letzten Jahren so vehement Werbung für kohlenhydratreiches Essen betrieben, dass sich selbst der typische Breitensportler zu ständigem Konsum von Getreideprodukten & Co. veranlasst fühlt. Zu Breitensportlern werden im Übrigen diejenigen Personen gezählt, die höchstens eine Stunde Sport pro Tag betreiben und dabei nicht mehr als etwa 1.000 Kilokalorien verbrauchen.

Sportart	Energieverbrauch
Kanu, Tennis, Badminton	6–7 kcal/kg/Std.
Reiten, Krafttraining, Aerobic, Fußball	8–9 kcal/kg/Std.
Tanzen, Schwimmen, Radrennen, Judo	10–11 kcal/kg/Std.
Squash, Skilanglauf, Laufen (<6 Min. pro Kilometer)	12–13 kcal/kg/Std.

Gerundeter Energieverbrauch pro Stunde Sport bei verschiedenen Sportarten. Aus: Schek A. Die Ernährung des Sportlers. Ernährungs Umschau 06/08.

Immer mehr Experten sind der Meinung, dass ein Sportler mit einem Trainingsumfang von maximal einer Stunde pro Tag gar keine spezielle Sporternährung benötigt. Seine Bedürfnisse sind möglicherweise durch Anpassung seiner Kalorienzufuhr bereits ausreichend gedeckt. Das würde auch eine entsprechende Erhöhung der Kohlenhydratzufuhr für etliche Sportler unnötig machen. Denn die kann durchaus Folgen haben. Eine starke Betonung des Kohlenhydratanteils in der Nahrung kann eine mangelnde Berücksichtigung von Proteinen mit sich bringen, was wiederum zu einer unzureichenden Versorgung mit wichtigen Aminosäuren führen kann. Und nicht selten findet sich bei Sportlern trotz regelmäßigen Trainings überschüssiges Körperfett an Bauch und Hüften. Bei den geraumen Mengen an Kohlenhydraten, die den sportlich Aktiven empfohlen werden, ist das auch kein Wunder. Auf die Gründe hierfür werden wir später noch näher eingehen.

Um die Glykogenspeicher zu füllen und gefüllt zu halten, wird in den herkömmlichen Empfehlungen zur Sporternährung zu einer täglichen Kohlenhydratzufuhr von sieben bis zehn Gramm pro Kilogramm Körpergewicht geraten. Für einen 75 Kilogramm schweren Sportler bedeutet das: 525 bis 750 Gramm Kohlenhydrate am Tag! Eine enorme Menge, die für viele bereits zu praktischen Problemen in der Aufnahme führt. Außerdem über-

Carboloading

Steht für Carbohydrate loading, das heißt Kohlenhydratladung. Hierbei werden die Glykogenspeicher der Muskulatur durch kohlenhydratbetonte Ernährung, zum Beispiel im Rahmen einer Wettkampfvorbereitung, gefüllt.

steigt der Energiegehalt, der allein aus dieser Kohlenhydratmenge erwächst (2.100 bis 3.000 Kilokalorien) wohl den tatsächlichen Verbrauch deutlich. Obwohl Kohlenhydrate im Ausdauersport oder bei Spielsportarten wie Fußball, Basketball oder Volleyball positiven Einfluss auf das Leistungsvermögen nehmen, sind selbst viele Leistungs-

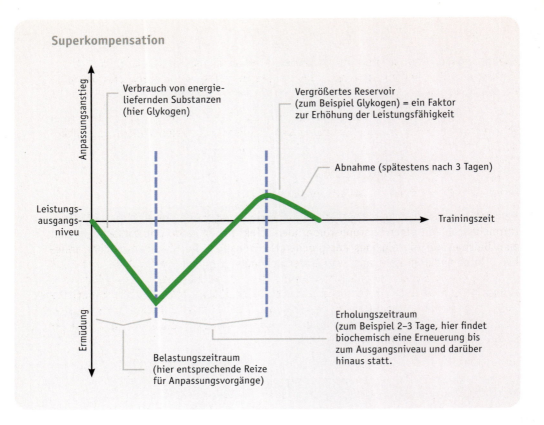

sportler dieser Disziplinen nicht zwingend auf eine grundlegend erhöhte Kohlenhydratzufuhr angewiesen. Denn häufig reicht es aus, Kohlenhydrate über einen bestimmten Zeitraum oder sogar nur zu bestimmten Zeitpunkten zu verzehren. Zu diesem Zweck kommen verschiedene Methoden der Kohlenhydratladung (Carboloading) zum Einsatz. Eine kurzfristige Strategie, die zur Erhöhung der Glykogenspeicher in Muskel und Leber führt, kann zum Beispiel wie folgt aussehen:

Etwa drei bis fünf Tage vor einem Wettkampf wird ein intensives glykogenentleerendes Training absolviert. Bis zum Wettkampftag werden dann Kohlenhydrate in rauhen Mengen (etwa sieben bis zehn Gramm pro Kilogramm Körpergewicht) gegessen, die dann vom Körper verstärkt gespeichert werden. Das Resultat: Für den Wettkampf steht ein erhöhtes Depot an Kohlenhydraten zur Verfügung. Sportwissenschaftler sprechen hierbei von der sogenannten Superkompensation.

Diese Superkompensation kann jedoch auch ohne glykogenentleerendes Training erfolgen. So kann zum Beispiel eine viertägige Erhöhung der täglichen Kohlenhydratzufuhr von 55 bis 60 Prozent auf 79 Prozent zu bis zu 41-prozentigen Steigerungen der Muskelglykogenspeicher führen (Tarnopolsky 1995). Diese Ergebnisse scheinen jedoch nur bei Männern erzielbar, denn eine solche Nahrungsumstellung führt bei Frauen zu geringeren Effekten auf die Höhe der Glykogenspeicher (Tarnopolsky 2001)! Vermutet wird hier ein glykogenregulierender Einfluss der weiblichen Sexualhormone. Im Vergleich zu männlichen Sportlern decken Frauen ohnehin einen größeren Anteil ihres

Energiebedarfs während einer Ausdauerbelastung durch Fettverbrennung. Vor diesem Hintergrund sind bei Frauen Vorteile durch eine Erhöhung des Kohlenhydratanteils in der Nahrung fraglich.

Weitere Studien zeigen, dass sogar bereits ein Tag mit hoher Kohlenhydratzufuhr (hier zehn Gramm pro Kilogramm Körpergewicht) zu einer maximalen Füllung der Glykogenspeicher führen kann. Weitere zwei Tage Carboloading führten zumindest in einer Untersuchung zu keiner weiteren Erhöhung des Speichers (Bussau 2002). Entscheidend ist hierbei allerdings, dass der Sportler an diesem Tag inaktiv ist, um die Kohlenhydratreserven nicht durch Bewegung wieder zu verringern.

Als nächstes stellt sich die Frage, ob möglicherweise sogar nur eine einzige kohlenhydratreiche Mahlzeit einen leistungsfördernden Effekt haben kann. Und tatsächlich kann zum Beispiel nur ein einziges entsprechendes Frühstück die Glykogenspeicher anheben. Unter anderem geht aus zwei Untersuchungen aus den Jahren 2004 und 2005 hervor, dass eine drei Stunden vor einem Training eingenommene kohlenhydratreiche Mahlzeit die Muskelglykogenspeicher bereits zwischen 11 und 17 Prozent erhöht! Die hierbei verzehrten Kohlenhydratmengen lagen bei 2,5 Gramm pro Kilogramm Körpergewicht. Bei einem Körpergewicht von 75 Kilogramm entspricht dies zum Beispiel einer Menge von knapp 188 Gramm Kohlenhydraten.

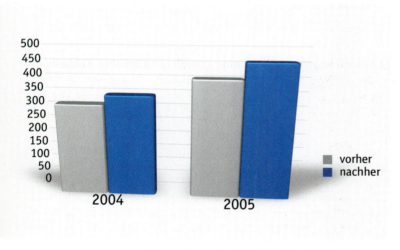

Chryssanthopoulos et al. 2004; Wee et al. 2005.

Wichtig ist, dass diese letzte vor der Belastung verzehrte Mahlzeit leicht verdaulich ist. Um genau dieses zu erreichen, wurde in einer der beiden Untersuchungen eine Mahlzeit verabreicht, die sich wie folgt zusammensetzte:

Lebensmittel	Menge	Kohlenhydrate	Fett	Protein	Ballaststoffe
Weißbrot	105 g	48,8 g	2,2 g	8,6 g	1,9 g
Marmelade	70 g	48,6 g	(–)	0,2 g	0,8 g
Cornflakes	56 g	47,0 g	0,6 g	4,5 g	0,9 g
fettarme Milch	280 g	14,0 g	0,3 g	9,5 g	(–)
Orangensaft	147 g	16,6 g	(–)	0,2 g	(–)
Wasser	315 g				(–)
Gesamt		175,0 g	3,1 g	23,0 g	3,6 g

Zusammensetzung einer kohlenhydratreichen Mahlzeit (2,5 Gramm Kohlenhydrate pro Kilogramm Körpergewicht), drei Stunden vor der Belastung eingenommen, nach Chryssanthopoulos et al. 2004.

Einige weitere Untersuchungen belegen, dass ein drei Stunden vor einem Ausdauertest eingenommenes Frühstück die Leistungsfähigkeit erhöht (Williams & Lamb 2008). Üblich sind dabei Kohlenhydratmengen von ein bis zwei Gramm pro Kilogramm Körpergewicht. Verglichen wurden hierbei jedoch häufig zwei Gruppen, bei denen die Probanden entweder kohlenhydratreich frühstückten oder zum Beispiel ein flüssiges »Placebo« erhielten. Ob nun das Verzehren von Kohlenhydraten oder möglicherweise das bloße Bereitstellen einer Extraportion Kalorien die Leistungen positiv beeinflusste blieb dabei oft unklar. Vergleicht man nun eine fettreiche mit einer kohlenhydratbetonten Mahlzeit, die jeweils mehrere Stunden vor einer Belastung verzehrt werden, fällt auf: Es gibt einen leichten Trend hin zu Vorteilen einer kohlenhydratreichen Mahlzeit, jedoch häufig ohne statistische Relevanz. Clyde Williams, Professor für Sportwissenschaften an der Loughborough University in England, und David Lamb, emeritierter Professor der Ohio State University, schreiben hierzu: »Folglich scheint es klar zu sein, dass es besser ist, ein paar Stunden vor einer Belastung eine kohlenhydratreiche Mahlzeit zu essen, anstatt gar keine. Aber sie muss nicht unbedingt besser sein als eine Mahlzeit mit entsprechender Kalorienmenge und weniger Kohlenhydraten.« (Williams & Lamb 2008).

Viele Untersuchungsergebnisse sprechen dafür, dass in der letzten Mahlzeit vor einer Belastung solche Kohlenhydrate zu bevorzugen sind, die einen flachen bis mittleren Blutglukoseanstieg (oder auch Blutzuckeranstieg) nach sich ziehen. Der Grund liegt darin, dass hohe Spitzen im Blutglukosespiegel zu Schwankungen führen und die Leistungsfähigkeit negativ beeinflussen können. Denn ganz gleich, woher ein Kohlenhydrat stammt, nach seiner Zerlegung im Magen-Darm-Trakt und Umbau in der Leber wird es in einzelne Glukosemoleküle umgewandelt. Diese Glukosebausteine erhöhen früher oder später den Blutglukosespiegel und sorgen für die Ausschüttung des von der Bauchspeicheldrüse produzierten Insulins. Dieses Hormon bewirkt im weiteren Verlauf einen verstärkten Einstrom von Glukose in die Zellen, wodurch der Blutglukosespiegel auf den Ausgangswert reduziert wird. Um eine hohe Glukosespitze im Blut zügig zu reduzieren, schüttet der Stoffwechsel vorsorglich verstärkt Insulin aus, was zum raschen Abfall des Blutglukosespiegels führt – häufig sogar bis unterhalb des Ausgangsniveaus. Unter Belastung kann die Glukose allerdings insulinunabhängig in die Zellen einströmen, da muskuläre Arbeit Zellmechanismen ablaufen lässt, die dazu führen, dass die Glukose in die Zellen aufgenommen werden kann.

> **Glykämischer Index (GI)**
>
> Der GI ist ein Maß zur Bestimmung der Wirkung einer definierten Kohlenhydratmenge auf den Blutglukoseverlauf. Je höher der Wert, umso mehr Insulin wird als Gegenreaktion zur Reduktion der Blutglukose nötig.

Es gibt einen international anerkannten Standard, den glykämischen Index (GI), der die Blutzuckerwirkung von Nahrungsmitteln darstellt. Er beschreibt den Anstieg und Abfall des Blutglukosespiegels innerhalb von zwei Stunden nach Verzehr einer definierten Menge aufnehmbarer Kohlenhydrate. Je höher der Index, umso höher die Glukosespitze im Blut und – in der Regel – umso stärker die Insulinausschüttung. Eine kurz vor einer Trainingseinheit verzehrte Mahlzeit mit hoch glykämischen Kohlenhydraten kann folglich zu einer beschränkten Glukoseversorgung innerhalb der ersten 45 bis 60 Minuten der Belastung führen.

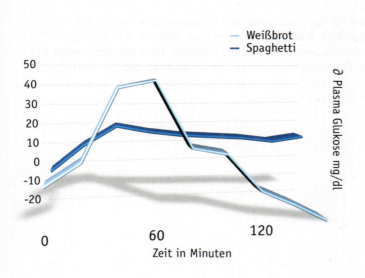

Die Blutzuckerreaktion nach Zufuhr von Kohlenhydraten.

Lebensmittelbeispiele, aufgelistet nach ihrem glykämischen Index

Hoher GI (> 70)		50 g Kohlenhydrate sind enthalten in
Glukose	100	50 g
Sportgetränk	95	700 ml
Reis, gekocht	88	170 g
Kartoffeln, gebacken	85	200–300 g
Honig	73	65 g
Brot	70	200 g
Mittlerer GI (55–70)		
Müsli	68	60 g
Softdrinks	68	500 ml
Saccharose	65	50 g
Mars	63	75 g (1,5 Riegel)
Niedriger GI (> 55)		
Banane, reif	52	250 g (2–3 Stück)
Schokolade	49	80 g
Orange	43	400–600 g (3–4 Stück)
Teigwaren, gekocht	41	200 g
Apfel	36	400 g (3–4 Stück)
Banane, unreif	30	250 g (2–3 Stück)
Milch	27	1.100 ml
Fruktose	23	50 g

Tabelle aus Mannhart C, Colombani P. (2001). Grundlagen der Sporternährung – die elementare Bedeutung der Energie-, Makronährstoff- und Flüssigkeitszufuhr. Schweizerische Zeitschrift für Sportmedizin und Sporttraumatologie. 49(3): 125–30.

Und in der Tat bedingen Variationen im glykämischen Index der Mahlzeiten deutliche Unterschiede in der Glykogenspeicherung, der Fettverbrennungsrate und der Trainingsleistung (Siu 2004, Stevenson 2006). Hoch glykämische Kohlenhydrate führen zwar zu einer höheren Glykogenspeicherung, allerdings zu Schwankungen in der Blutglukoseversorgung. So kann eine 45 Minuten vor einer Belastung verzehrte Mahlzeit, die Kohlenhydrate mit moderatem glykämischen Index beinhaltet, gemäß Untersuchungen zu einer gleichmäßigeren Blutglukoseversorgung beim Sport, einer verbesserten Kohlenhydratverbrennung und schlussendlich zu einer besseren Trainingszeit führen (Kirwan 2001).

Inwiefern ein veränderter Kohlenhydratverzehr die Fettverbrennungsrate innerhalb einer Belastung beeinflusst, wurde unter anderem 2005 an der School of Sport and Exercise Sciences in England unter die Lupe genommen. Hierbei wurden den männlichen Probanden drei Stunden vor einem 30-minütigen Ausdauertest entweder ein hoch glykämisches oder niedrig glykämisches Frühstück verabreicht (Wee 2005). Die entsprechenden Kohlenhydratmengen lagen hier bei 2,5 Gramm pro Kilogramm Körpergewicht. Und obwohl die Glykogenspeicher in der Gruppe, die ein Frühstück mit niedrigem glykämischen Index erhielt, unverändert blieben (15 Prozent Steigerung in der Gruppe mit hohem Index), konnte das Muskelglykogen letztlich besser geschont werden. Dieser Effekt ist auf eine erhöhte Fettverbrennungsrate zurückzuführen.

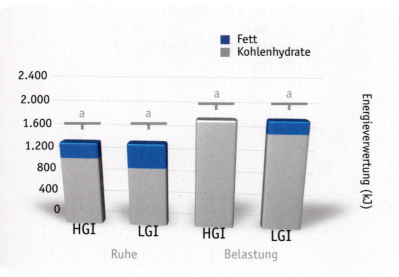

Verhältnis der Nährstoffverbrennung von Kohlenhydraten und Fetten in Ruhe und bei einer 30-minütigen Belastung, nach Verzehr eines hoch beziehungsweise niedrig glykämischen Frühstücks.
Werte sind Mittelwerte ± SE. [a]$P < 0,05$ von HGI.

Aus Wee et al. (2005). Ingestion of a high-glycemic index meal increases muscle glycogen storage at rest but augments its utilization during subsequent exercise. J Appl Physiol 99: 707–14.

Ähnliche Resultate wurden 2006 auch bei Frauen erzielt, die einen 60-minütigen Laufbandtest absolvierten (Stevenson 2006). Die Gruppen erhielten hier ebenfalls drei Stunden vor der Belastung entweder ein hoch glykämisches (GI von 78) oder niedrig glykämisches (GI von 44) Frühstück mit zwei Gramm Kohlenhydraten pro Kilogramm Körpergewicht. Die Fettverbrennungsrate erhöhte sich auch hier deutlich in der Gruppe mit dem niedrig glykämischen Indexfrühstück. Während diese Gruppe innerhalb einer Stunde durchschnittlich 18,7 Gramm Fett verbrennen konnte, lagen die Teilnehmer der anderen Gruppe im Schnitt bei nur 8,3 Gramm. Und so kann ein solches Frühstück mit hohem oder niedrigem GI konkret aussehen:

Hoch glykämisch (GI = 78) für eine 60 Kilogramm schwere Person: 62 Gramm Cornflakes mit 257 Milliliter Milch und 80 Gramm Weißbrot mit 10 Gramm Marmelade und 10 Gramm Margarine und 155 Milliliter eines Glukosedrinks. Zusammen ergibt das 139 Gramm Kohlenhydrate, 20 Gramm Protein und 10 Gramm Fett.

Hoch glykämisch (GI = 80) für eine 70 Kilogramm schwere Person: 80 Gramm Cornflakes mit 240 Milliliter Milch und 100 Gramm Weißbrot mit 30 Gramm Himbeermarmelade und 265 Milliliter Energydrink. Insgesamt liefert diese Mahlzeit 175 Gramm Kohlenhydrate, 21 Gramm Protein und 4 Gramm Fett.

Niedrig glykämisch (GI = 44) für eine 60 Kilogramm schwere Person: 86 Gramm Müsli mit 257 Milliliter Milch und 67 Gramm Apfel und 128 Gramm Joghurt und 257 Milliliter Apfelsaft. 139 Gramm Kohlenhydrate, 23 Gramm Protein und 9 Gramm Fett stecken in diesem Frühstück.

Niedrig glykämisch (GI = 36) für eine 70 Kilogramm schwere Person: 80 Gramm Kleieflocken mit 200 Milliliter Milch und 360 Gramm Pfirsiche im eigenen Saft aus der Dose und einem halben Liter ungesüßten Apfelsaft. Hieraus ergeben sich 175 Gramm Kohlenhydrate, 21 Gramm Protein und 4 Gramm Fett.

Diese Mahlzeiten sind die Testmahlzeiten aus den Untersuchungen der Forscher Wee (2005) und Stevenson (2006).

Für Sportler bedeutet das: Vollkornprodukte, zuckerfreies Müsli, Milch, Obst und Fruchtsäfte sind optimale Kohlenhydratquellen, die Sportler vor einer Belastung zu sich nehmen sollten, um eine gleichmäßige Glukoseversorgung und eine höhere Fettverbrennungsrate sicherzustellen. Die letzte Mahlzeit sollte circa drei Stunden vor der Belastung eingenommen werden und knapp 2,0 bis 2,5 Gramm Kohlenhydrate pro Kilogramm Körpergewicht enthalten.

Oft beginnen Wettkämpfe allerdings bereits so früh, dass das Einnehmen einer Mahlzeit drei Stunden vor Wettkampfbeginn gar nicht möglich ist. In solchen Fällen sollten Sportler die notwendigen Kohlenhydrate ein bis zwei Stunden vor und in passenden Abständen während der Belastung über Flüssigkeiten zuführen.

Es kann auch sinnvoll sein, die für eine Ausdauerbelastung nötigen Kohlenhydrate erst kurz vor beziehungsweise während des Sportes einzunehmen. Entsprechend wurde zum Beispiel in einer Studie einer Gruppe Jogger zunächst vier Stunden vor einem Ausdau-

ertest ein Placebodrink und unmittelbar vor der Belastung ein Kohlenhydrat-Elektro-
lyt-Getränk verabreicht. Das Kohlenhydratgetränk enthielt knapp sieben Prozent Kohlenhydrate (das heißt 70 Gramm pro Liter) und entsprach einer Menge von acht Millilitern pro Kilogramm Körpergewicht. Das macht zum Beispiel knapp 0,6 Liter für einen
75 Kilogramm schweren Sportler. Beim Ausdauerlauf von 30 Kilometern wurde alle
fünf Kilometer auf eine Flüssigkeitszufuhr von zwei Millilitern pro Kilogramm Körpergewicht geachtet. Die Gesamtmenge der auf diese Weise zugeführten Kohlenhydrate
betrug im Schnitt 85 Gramm. Die erzielte Testzeit war jedoch praktisch identisch mit
der Zeit der Probanden in Gruppe zwei. Letztere erhielten vier Stunden vor dem Test
eine Mahlzeit mit durchschnittlich 135 Gramm Kohlenhydraten.

Leistungserhaltende Effekte durch Kohlenhydratsupplementierung während der Belastung sind unter anderem für Fußballer dokumentiert (Kerksick 2008).

**Kann eine Kohlenhydratsupplementierung kurz vor und während der Belastung
kohlenhydratreiche Mahlzeiten drei Stunden vor dem Sport und sogar eine Superkompensation der Muskelglykogenspeicher überflüssig machen?**

Unter anderem eine im Jahr 2000 veröffentlichte Studie stellt den Nutzen vergrößerter
Muskelglykogenspeicher bei Radfahrern infrage, solange ausreichend Kohlenhydrate
während der Belastung eingenommen werden (Burke 2000). Untersucht wurde hierbei der Effekt einer dreitägigen Kohlenhydratladephase mit neun Gramm Kohlenhydraten pro Kilogramm Körpergewicht im Vergleich zu der gleichen Dauer mit kohlenhydratreicher Kost, die nur sechs Gramm Kohlenhydrate pro Kilogramm Körpergewicht lieferte. Die Gruppe mit der höheren Zufuhr erhielt zwei Drittel der Kohlenhydratmenge
durch feste Mahlzeiten und das andere Drittel in Form von Energieriegeln (ein Riegel
enthielt hierbei 27 Gramm Kohlenhydrate, 6,5 Gramm Fett und 2,7 Gramm Protein).
Den Teilnehmern der Gruppe mit der geringeren täglichen Kohlenhydratzufuhr wurde
ein mit Süßstoff angereicherter Placebodrink gereicht. Die Athleten wurden im Glauben gelassen, sie würden ein kohlenhydratreiches Getränk erhalten.

Dieser Studienaufbau war den Forschern wichtig, denn sie glaubten, dass ein Teil der
in anderen Experimenten beobachteten Vorteile eines Carboloadings unter anderem
auf die positive Erwartungshaltung an eine Kohlenhydratladephase und der darauf folgenden unbewussten größeren Anstrengung der Probanden zurückzuführen sei. Beide
Gruppen erhielten während eines 100-Kilometer-Zeitrennens, in welches zusätzlich
neun Sprints eingebaut wurden, ein siebenprozentiges Kohlenhydratgetränk, das circa
ein Gramm Kohlenhydrate pro Kilogramm Körpergewicht pro Stunde bereitstellte. Trotz
der deutlich höheren Ausgangswerte des Muskelglykogens durch die höhere Kohlenhydratzufuhr konnten die Teilnehmer dieser Gruppe nur eine geringfügige (1,1 Prozent) Verbesserung ihrer Zeiten erzielen. Der durchschnittlich erreichten Zeit von
knapp 147 Minuten und 30 Sekunden bei der Carboloading-Gruppe standen im Schnitt
149 Minuten und 7 Sekunden bei der Placebogruppe entgegen. Auch die durchschnittlich erreichten Wattzahlen unterschieden sich kaum (258,7 Watt zu 253,0 Watt). Für
Wettkampfsportler, die in ihrer Sportart um jede Sekunde Verbesserung kämpfen, kann
ein solch geringer Effekt natürlich von Nutzen sein.

Für die meisten Sportler zeigen diese Ergebnisse allerdings, dass es nicht zwingend notwendig ist, mehrere Stunden vor einer Belastung Kohlenhydrate zu essen, sofern diese dann kurz vor und während des Sportes geliefert werden. Zum anderen wird klar, dass unter Anwendung dieser Methode im Vorfeld deutlich weniger Kohlenhydrate für sportliche Aktivitäten ausreichend sind und sogar eine Superkompensation der Glykogenspeicher zum Teil unnötig wird. Dies kann zum einen den Magen schonen, da sich dann geringere Mahlzeitenportionen ergeben. Zum anderen kann eine Senkung der täglichen Kohlenhydratmenge relativ einfach zur Reduktion von Körperfett beitragen. Eine Kohlenhydratreduktion kann zudem Platz für eine höhere Zufuhr von essenziellen Fett- und Aminosäuren schaffen.

Eine während der Belastung eingenommene flüssige Kohlenhydratlösung, der ein paar Gramm Aminosäuren beigemischt sind, kann sich zusätzlich positiv auf die Regeneration und den Muskelschaden auswirken. Nach Zufuhr eines sechsprozentigen Kohlenhydratgetränkes mit sechs Gramm Aminosäuren konnten bei Sportlern nach einem Ganzkörperkrafttraining erniedrigte Werte des Stresshormones Cortisol gemessen werden. Ein weiterer Vorteil: Auch der durch Krafttraining provozierte Schaden an den Proteinsträngen der Muskulatur konnte abgeschwächt werden (Bird 2006).

Während der Belastung bieten sich vor allem Getränke als sinnvolle Kohlenhydratquelle an. Selbstverständlich muss man bei längerer Belastung und höherem Schweißverlust trinken, um das verlorene Wasser zurückzuführen. Im Getränk lassen sich einfach die verschiedensten Zucker auflösen. Mehr Informationen über den Wasserhaushalt und sinnvollen Sportlergetränken finden Sie im Kapitel »Sportlergetränke: Zucker und Salz halten die Leistung«.

Trainingsende: Und was gibt's jetzt zu essen?

Nach dem Training gilt es, die Glykogenspeicher schleunigst zu füllen. Das ist insbesondere für diejenigen Sportler von Bedeutung, deren Trainings- und Wettkampfdauer 60 bis 90 Minuten überschreitet. Hierbei gilt: Je früher eine Mahlzeit nach dem Belastungsende eingenommen wird, desto effizienter können die Glykogenspeicher gefüllt werden. Dr. John Ivy von der University of Texas sagt hierzu: »Je länger Sie warten, bis Sie Kohlenhydrate konsumieren, umso weniger hungrig werden ihre Muskeln.« (2004) Seinen Aussagen nach ist die muskuläre Aufnahmebereitschaft bereits nach 30 bis 45 Minuten um 50 Prozent gesunken. Vermutlich ist die durch Sport erhöhte Insulinsensibilität der Muskeln für die deutlich bessere Ausschöpfung von Nährstoffen aus dem Blut verantwortlich. Auch Dave Scott, sechsfacher Gewinner des Hawaii Ironman, meint hierzu: »Die ersten zwei Stunden unmittelbar nach einem Training sind die wichtigsten zwei Stunden in einem Sportlertag.« Besonderes Augenmerk für die Glykogenfüllung liegt demnach auf den ersten Minuten bis zwei Stunden nach einer Trainingseinheit. Diese Aussagen können durch entsprechende Literatur belegt werden, zum Beispiel durch eine Studie, in der den Teilnehmern ein Kohlenhydrat-Protein-Mix entweder unmittelbar nach einer Belastung oder drei Stunden danach verabreicht wurde. Hier stieg die Glukoseaufnahme bei Einnahme des Supplements nach dem Training im Vergleich zum Ruhezustand beziehungsweise drei Stunden nach Beendigung der Belastung um das 3,5-fache an! Zum Einsatz kam hierbei ein Supplement, das zehn Gramm Protein, acht Gramm Kohlenhydrate und drei Gramm Fett enthielt (Levenhagen 2001). Der Körper ist in der Lage, einen Teil der Proteine in Kohlenhydrate umzuwandeln, um damit die Glykogenspeicher zu füllen. Wird diese Aufladung durch reine Kohlenhydratzufuhr nicht erreicht, werden Proteine zum Glykogenaufbau verwendet. Um die Eiweißreserven möglichst nicht anzugreifen, ist es wichtig, eine Kohlenhydrataufnahme von etwa 1,0 bis 1,2 Gramm pro Kilogramm Körpergewicht pro Stunde zu erreichen. Für einen 75 Kilogramm schweren Sportler bedeutet das 75 Gramm Kohlenhydrate pro Stunde. Eine weitere Erhöhung der Nährstoffmenge führt allerdings nicht zu weiteren positiven Effekten.

> **Das heißt:** *Lieber Proteine oder einen Protein-Kohlenhydrat-Mix nach dem Training konsumieren, als gar keine Nahrung zu sich nehmen! Eine reine Kohlenhydratzufuhr ist in Bezug auf die Glykogenspeicherung allerdings effektiver als die gleiche Nährstoffmenge in Form eines Kohlenhydrat-Protein-Mix.*

Auch für Muskelaufbaufans gilt es, nach dem Training ausreichend Kohlenhydrate zu essen, um dem ungewollten Abbau von Muskulatur entgegenzuwirken. Da ein (intensives) Krafttraining den Glykogenspeicher reduziert, werden (vorausgesetzt, es werden während und nach dem Sport keine Nährstoffe zugeführt) zum Teil Muskelproteine in einem aufwendigen Prozess in Glukose umgewandelt. Der Stoffwechsel verfolgt hierbei das Ziel, den Blutglukosespiegel zu stabilisieren. Da bei diesem Eiweißabbau stets Harnstoff übrig bleibt, lässt sich im Urin der Umfang des Eiweißabbaus aus der Muskulatur messen. Trinkt ein Sportler während und in den ersten Stunden nach einem Training nur Wasser, fällt die Harnstoffausscheidung als Indikator für den Eiweißabbau deutlich höher aus. Eine Kohlenhydratzufuhr während und nach dem Training führt zur Schonung der Muskelproteine, da der Glukosespiegel im Blut durch die Kohlenhydrate aufrechterhalten werden kann. Werden Kohlenhydrate also im richtigen Moment verzehrt, haben sie einen muskelerhaltenden Effekt!

Hoch oder niedrig? Das ist die Frage.

Der Frage, inwiefern nun hoch oder niedrig glykämische Kohlenhydrate zur Füllung der Glykogenspeicher wirksamer sind, ging man auch am Australian Institute of Sport nach. Hier wurden in einer Untersuchung die Glykogenspeicher gut trainierter Radfahrer durch eine zweistündige Dauerbelastung gefolgt von vier kurzen Sprints entleert. Auf mehrere Mahlzeiten aufgeteilt erhielten die Teilnehmer dann entweder Kohlenhydrate mit niedrigem beziehungsweise hohem glykämischen Index. Das Ergebnis: Die innerhalb von 24 Stunden nach der Belastung gemessenen Muskelglykogenspeicher waren bei denjenigen Teilnehmern deutlich höher, die eine Kost mit hohem Index verzehrt hatten (Burke 1993)! Ob die einem Training folgenden hoch glykämischen Kohlenhydrate auf wenige große oder mehrere kleine Mahlzeiten verteilt werden, macht keinen wesentlichen Unterschied in der Glykogenspeicherung aus. In Studien werden hierzu gerne folgende Nahrungsmittel mit hohem Index verwendet: Cornflakes, gesüßte Säfte, Glukose, Roggenbrot und Marmelade.

Von Tour-de-France-Fahrern wird berichtet, dass die Sportler unmittelbar nach einer Etappe ein Getränk mit 30 Gramm hoch glykämischen Kohlenhydraten plus drei Gramm Aminosäuren erhalten. Circa 30 Minuten später essen die Fahrer dann erneut kohlenhydratreich, zum Beispiel in Form von Bananen oder Müsli, um ihre Glykogenspeicher zügig zu füllen.

Beispiele für hoch glykämische Kohlenhydratquellen. Die Mengen entsprechen jeweils 75 Gramm, das heißt ein Gramm Kohlenhydrate pro Kilogramm Körpergewicht für einen 75 Kilogramm schweren Sportler :

- · 1–2 reife Bananen (140 Gramm)
- · 430 Gramm Fruchtquark
- · 540 Gramm Milchreis mit Zucker
- · 1 helles Brötchen mit 60 Gramm Marmelade
- · 2 Laugenstangen

Variation mit Getränk (500 Milliliter Saftschorle entspricht hierbei 250 Milliliter Wasser plus 250 Milliliter Fruchtsaft):

- · 2 große reife Bananen (à 140 Gramm) plus 500 Milliliter Saftschorle
- · 270 Gramm Fruchtquark plus 500 Milliliter Saftschorle
- · 380 Gramm Milchreis mit Zucker plus 500 Milliliter Saftschorle
- · 1 helles Brötchen mit Quark und 25 Gramm Marmelade plus 500 Milliliter Saftschorle
- · 1 Laugenstange plus 500 Milliliter Saftschorle

Im Jahr 2008 wurde eine Studie veröffentlicht, aus der hervorgeht, dass Kohlenhydrate in Kombination mit Koffein einen größeren positiven Effekt auf die Muskelglykogenspeicherung haben als eine reine Kohlenhydratzufuhr (Pedersen 2008). Allerdings lagen hierbei die dafür benötigten Mengen an Koffein relativ hoch. Acht Milligramm Koffein pro Kilogramm Körpergewicht kamen zum Einsatz, wozu umgerechnet mindestens 0,6 Liter Kaffee für einen 75 Kilogramm schweren Sportler nötig waren. Weitere Untersuchungen zu diesem Thema stehen noch aus.

Weniger ist oft mehr.

Bei vielen Sportlern, deren Trainingsumfang weniger als eine Stunde täglich beträgt, deren Trainingsintensität niedrig bis mittelmäßig ist und die sich in Phasen der Regeneration befinden, sollte der Kohlenhydratbedarf überdacht werden. Oft reicht es völlig aus, kurz vor beziehungsweise während und nach der Belastung adäquate Mengen Kohlenhydrate zuzuführen, um die Leistungsfähigkeit zu optimieren. Zusätzliche Kohlenhydrate sind in vielen Fällen zum einen nicht notwendig und zum anderen zum Teil gesundheitlich bedenklich. Um allerdings bei Sportlern, bei denen Kraft und Schnellkraft eine Rolle spielen, zu verhindern, dass die Glykogenspeicher gefährdet sind, ist eine Menge von mindestens 1,9 Gramm Kohlenhydraten pro Kilogramm Körpergewicht am Tag oder umgerechnet 20 Prozent der Tageskalorien in Form von Kohlenhydraten nötig. Daher setzen neuere Ernährungskonzepte den Kohlenhydratanteil je nach Disziplin zwischen 20 und 50 Prozent an.

Dr. David Pendergast von der Buffalo University kommt zu folgender Empfehlung: »Eine grundsätzliche isokalorische Ernährung sollte zwischen 30 und 35 Prozent Kohlenhydrate, 30 Prozent Fett und 20 Prozent Protein enthalten und eine weitere Verteilung der restlichen 20 Prozent auf die Nährstoffe, die für die entsprechende Sportart wichtig sind.« (Pendergast 2000).

Sportler in Disziplinen mit Intensitäten bis zu 85 Prozent der maximalen Sauerstoffaufnahmekapazität (VO_2max) sollten die Fettzufuhr anheben. Bei Belastungen über 100 Prozent VO_2max ist wiederum der Kohlenhydratanteil stärker zu betonen. Im dazwischen liegenden Intensitätsbereich von 85 bis 100 Prozent VO_2max gilt es auszutesten, inwiefern Kohlenhydrate oder Fette zu entsprechenden Leistungssteigerungen führen.

Zur schnellen Füllung der Glykogenspeicher nach einer hoch intensiven Belastung (eine Stunde hoch intensives Training kann den Glykogenspeicher auf 30 Prozent des Ausgangswertes senken) ist eine betonte Kohlenhydratzufuhr ratsam. Es empfiehlt sich, mit der Aufnahme unmittelbar nach dem Training zu beginnen und Kohlenhydrate mit einem hohen GI zu bevorzugen. Die Menge sollte bei 1,0 bis 1,5 Gramm pro Kilogramm Körpergewicht pro Stunde liegen. Liegt die verzehrte Kohlenhydratmenge innerhalb von 24 Stunden bei sieben bis zehn Gramm Kohlenhydrate pro Kilogramm Körpergewicht, sollte die maximale Glykogenfüllhöhe erreicht sein. Solche Kohlenhydratmengen sind allerdings nur für diejenigen Sportler notwendig, die ein sehr umfangreiches und intensives Training durchführen und zum anderen keine kohlenhydratreiche Flüssigkeit während der Belastung zu sich nehmen können oder wollen.

Name: *Felix Sturm*
Sportart: *Boxen, Mittelgewicht*
Größte Erfolge: *Weltmeister im Mittelgewicht (WBA)*
Kampfstatistik: *34 Kämpfe (als Profi)*
32 Siege – 2 Niederlagen – 1 Unentschieden
Erfolgreiche Titelverteidigung am 11.7.09
Alter: *29 Jahre*

Ich will 100 Prozent.

Boxen ist eine Sportart, die den Aktiven einiges abverlangt. In meinem Fall in der Wettkampfvorbereitung bis zu 28 Stunden Training pro Woche. Circa sieben Monate im Jahr versuche ich, mich in die bestmögliche Form für meine Boxkämpfe zu bringen. Dabei hilft mir Ernährung, die speziell auf meine individuellen Bedürfnisse abgestimmt ist, enorm weiter. Bis 2004 hatte ich in Bezug auf Ernährung nur Grundkenntnisse. »Iss viel Spaghetti – die bringen Power«, hörte ich immer wieder aus verschiedensten Richtungen. Auch Schokolade wurde mir als guter Kohlenhydratlieferant empfohlen. Und um mein Kampfgewicht zu erreichen, aß ich damals einfach weniger und reduzierte meine Flüssigkeitszufuhr. Heute weiß ich: Es gibt bessere Techniken. Seit knapp vier Jahren werde ich vom Kölner PLUS ONE Institut für Ernährungsmanagement unterstützt, und die Erfolge sind deutlich spürbar. Zwar war ich zu Beginn der Ernährungsumstellung skeptisch, allerdings hat sich mein Trainingsalltag deutlich zum Positiven verändert, und ich kann mehr und mehr mein maximales Potenzial ausschöpfen. In einigen Punkten musste ich mich allerdings zunächst umgewöhnen.

So esse ich zum Beispiel mittlerweile vier bis fünf statt nur zwei Mahlzeiten am Tag. Außerdem trinke ich täglich bis zu fünf Liter Flüssigkeit und nehme in der Regel zwischen 2.800 und 3.600 Kilokalorien pro Tag zu mir. Da ich zu Beginn des Jahres meist um die zehn Kilogramm zu viel Gewicht habe, stelle ich meine Ernährung zu diesem Zeitpunkt auf proteinreiche und kohlenhydratreduzierte Kost um. Mit dieser Methode verliere ich in Kombination mit meinem täglichen Training im Laufe von knapp drei Monaten kontinuierlich Gewicht. Trotzdem habe ich genug Kraft und Ausdauer für meine Trainingseinheiten.

Gerne esse ich dann zum Beispiel Quark mit Früchten oder ein Omelett aus zehn Eiern mit Gemüse zum Frühstück. Je nach Trainingsphase nehme ich dann langsam wieder mehr Kohlenhydrate in meinen Speiseplan auf. Die Kunst besteht darin, rechtzeitig vor meinen Kämpfen das angestrebte Gewicht zu erreichen, sodass ich auf extremes Gewichtmachen verzichten kann. Für die Kämpfe brauche ich dann gut gefüllte Glykogenspeicher und esse zunehmend mehr Kohlenhydrate, muss allerdings die damit einhergehende Wassereinspeicherung im Zaum halten. Das erfordert in den letzten Wochen und Tagen vor einem Kampf oft täglichen Dialog mit meinem Ernährungsberater, um die Mahlzeiten perfekt abzustimmen. Eine Reihe verschiedener Supplemente, zum Beispiel zur Regulation meines Säure-Basen-Haushaltes, helfen mir, meine Fitness und Gesundheit zu optimieren. Insgesamt verhalte ich mich hinsichtlich meiner Nahrungszusammenstellung genauestens an meine Ernährungspläne, um mich professionell auf meine Kämpfe vorzubereiten. Neben der Tatsache, dass mir die für mich optimale Ernährung hilft, 100 Prozent im Training und im Boxkampf zu geben, freue ich mich auch, meiner Gesundheit etwas Gutes zu tun. Meine Lebensqualität ist einfach höher, und es fühlt sich gut an, zu wissen, dass ich durch mein Verhalten wahrscheinlich von vielen ernährungsbedingten Krankheiten verschont bleibe.

Sportlergetränke: Zucker und Salz halten die Leistung.

Kapitel 3

Wasser dient im menschlichen Körper als Lösungs- und Transportmittel für Nährstoffe, ist essenziell für die Ausscheidung von Stoffwechselprodukten und nicht zuletzt beteiligt an der Temperaturregulierung. Über Haut, Lunge, Urin und Stuhl wird ständig Wasser ausgeschieden. Dieses muss regelmäßig durch eine ausreichende Flüssigkeitszufuhr ersetzt werden. Körperliche Aktivität führt immer zu einem erhöhten Verlust an Wasser. Sinkt der Wassergehalt deutlich ab, kommt es zu einer reduzierten Durchblutung. Es droht Überhitzung. Zudem wird der An- und Abtransport von Atemgasen (Sauerstoff und Kohlendioxid) eingeschränkt und auf diesem Wege die Leistungsfähigkeit gemindert. Breitet sich die reduzierte Durchblutung auch auf die kleinsten Gefäße des Körpers aus, können Mikrozirkulationsstörungen auftreten, die zu Krämpfen führen. Je länger und intensiver eine Belastung anhält, umso größer auch der entsprechende Flüssigkeitsverlust. Im Übrigen ist die Schweißmenge während des Sportes bei Trainierten deutlich höher als bei Untrainierten. Trainierte sind nämlich in der Lage, die bei einer Belastung entstehende Wärme effizienter auszugleichen. Wie viel Schweiß produziert wird, hängt zusätzlich noch von vielen anderen Faktoren ab: Der Belastungsintensität, der Umgebungstemperatur, der Luftfeuchtigkeit sowie der Sportbekleidung. Unter milden Umgebungstemperaturen wurde bei Langzeitbelastungen ein Schweißverlust von durchschnittlich einem Liter pro Stunde gemessen. Bei großer Hitze und hoher Luftfeuchtigkeit steigt der Flüssigkeitsverlust bei Trainierten teilweise auf zwei Liter pro Stunde und mehr (Zapf 1999). An einem heißen Wettkampftag kann also der Flüssigkeitsbedarf beispielsweise eines Triathleten leicht elf Liter und mehr ausmachen. Es ist daher schwierig, eine allgemein gültige Trinkmenge für alle Sportler zu empfehlen. Doch eines steht fest: Wirklich leistungsmindernd wirkt sich der Wasser- und Mineralverlust erst ab einer Belastungsdauer von mehr als 45 Minuten aus.

Auswirkungen des Flüssigkeitsverlusts auf die Körperfunktionen.

Neben Wasser gehen während einer körperlichen Belastung auch große Mengen an Mineralien, vor allem Natrium verloren. Viele Sportlergetränke enthalten daher entsprechende Natriummengen, um dieses lebenswichtige Mineral wieder zuzuführen. Ein natriumarmes Mineralwasser, das häufig für die tägliche Ernährung empfohlen wird, ist als Flüssigkeitsersatz während des Sportes ungeeignet, es sei denn, es wird mit entsprechenden Mengen Kochsalz angereichert.

Wie aus den vorangegangenen Kapiteln deutlich wurde, führt Sport auch zur Reduktion der Kohlenhydratspeicher in Leber und Muskulatur. Die Verfügbarkeit von Kohlenhydraten kann je nach Dauer der Belastung ebenfalls zum leistungslimitierenden Faktor werden. Ein angemessenes Sportlergetränk sollte demnach die passenden Mengen an Natrium und Kohlenhydraten enthalten, um die Leistungsfähigkeit zu optimieren. Das Problem: Da beim Sport bis zu zwei Liter Flüssigkeit pro Stunde verloren gehen können, ist ein kompletter Ausgleich während einer Belastung folglich schwierig. Umso wichtiger scheint die Frage, welche Kriterien ein Sportlergetränk erfüllen muss, damit es so schnell wie möglich aufgenommen werden kann. Wissenschaftler gehen daher vor allem den Fragen nach, wie viel Flüssigkeit in welchem Zeitraum getrunken werden soll und unter welchen Bedingungen die Magenentleerung möglichst zügig und die Aufnahmegeschwindigkeit im Darm möglichst hoch ist.

Trinkfrequenz – öfter weniger Flüssigkeitsaufnahme als gelegentlich viel ...

Es ist empfehlenswert, während des Sportes alle 10 bis 15 Minuten 150–200 Milliliter Flüssigkeit zu sich zu nehmen. Warten Sie dabei nicht, bis Sie Durst bekommen. Das individuelle Durstgefühl ist häufig kein guter Indikator für den Flüssigkeitsbedarf. Ein aufkommendes Durstgefühl deutet darauf hin, dass sich bereits ein circa zweiprozentiger Verlust des Körpergewichts eingestellt hat. Die mentale und körperliche Leistungsfähigkeit sind dann bereits eingeschränkt. Damit das Getränk möglichst schnell den Magen wieder verlassen kann, darf eine Flüssigkeit maximal zehn Prozent Kohlenhydrate enthalten, das heißt höchstens 10 Gramm pro 100 Milliliter. Als Optimum gelten Kohlenhydratkonzentrationen zwischen sechs und acht Prozent. Höhere Werte verzögern die Magenentleerung und führen dazu, dass die Energie erst deutlich zeitversetzt nach der Aufnahme zur Verfügung steht. Hierbei zeigt sich, dass der Stoffwechsel unter Verwendung einer einzigen Kohlenhydratquelle im Getränk maximal 1,0 bis 1,1 Gramm Kohlenhydrate pro Minute (oder 60 bis 70 Gramm pro Stunde) verbrennen kann (Jeukendrup 2006). Selbst bei Bereitstellung der dreifachen Menge pro Minute erhöht sich die Kohlenhydratverbrennungsrate nicht, solange nur eine einzige Kohlenhydratquelle verwendet wird (Jentjens 2005).

Man nimmt an, dass sowohl die Leber als auch die begrenzten Transportsysteme im Darm zu dieser Limitierung beitragen. Doch vor einigen Jahren fand das Team rund um den holländischen Sporternährungsexperten Asker Jeukendrup Möglichkeiten, die Aufnahme- und Verbrennungsrate an Kohlenhydraten zu erhöhen. Neuere Studien offenbaren: Werden zum Beispiel Glukose und Fruktose in gleichen Teilen während einer Belastung gemeinsam zugeführt, erhöht sich die Kohlenhydratverbrennung um bis zu 55 Prozent (Jentjens 2005).

Da Glukose und Fruktose unterschiedliche Transportsysteme im Darm benutzen, lässt sich folglich durch die Kombination dieser Kohlenhydratquellen eine höhere Aufnahme- und Verbrennungsrate erzielen. Diese liegt bei circa 1,75 Gramm Kohlenhydrate pro Minute. Andere Kombinationsmöglichkeiten sind: Glukose plus Saccharose (Haushaltszucker) oder Glukose plus Fruktose plus Saccharose. Durch letztere Kombination wurde in einer Untersuchung eine Aufnahmerate von 1,7 Gramm Kohlenhydraten pro Minute erreicht. Allerdings gilt es zu bedenken, dass eine hohe Zufuhr an Fruktose möglicherweise einigen Menschen nicht sonderlich gut tut. Aus dem Bericht eines australischen gastroenterologischen Institutes geht zum Beispiel hervor: Bis zu 50 Prozent der Bevölkerung sind nicht in der Lage, 25 Gramm Fruktose komplett aufzunehmen. Diese Fruktosemalabsorption ist wohl auf eine Störung der Transportsysteme im Dünndarm zurückzuführen und kann zu mehr oder wenig heftigen Beschwerden führen. 50 bis 70 Prozent der Betroffenen erleben keine Symptome. Bei anderen führen hohe Mengen an Fruktose jedoch zu Darmstörungen, ungewünschter Bakterienvermehrung im Dickdarm, die wiederum zu Blähungen oder Durchfall führen kann. Dazu kommen noch eine Reihe anderer unerwünschter Wirkungen. Fruktose erhöht die Triglyceridspiegel im Blut wie auch die Harnsäure, und kein Nahrungsbestandteil lässt die Leber so schnell verfetten wie Fruktose.

> ## Fruktose
>
> Fruchtzucker. Kommt in größeren Mengen unter anderem in Kirschen, Weintrauben, Äpfeln, Birnen oder Kiwi vor. Mittlere Werte finden sich vor allem zum Beispiel in Beerenfrüchten, Mandarinen und Pfirsichen, niedrige Fruchtzuckerwerte in Papaya, Honigmelone oder Aprikosen.

Für Sportler, die keine größeren Mengen an Fruktose vertragen, bietet sich zum Beispiel Trehalose als optimales Kohlenhydrat während einer Belastung an. Seit 2001 ist dieses Kohlenhydrat als Lebensmittelzutat in der Europäischen Union erlaubt. Trehalose ist eine Verbindung aus zwei Glukosemolekülen, die in der Natur in Pilzen, Bakterien und Insekten vorkommt. Dieser Zucker hat ein geringeres Potenzial, Karies zu verursachen, eine niedrigere Süßkraft und einen niedrigeren glykämischen Index im Vergleich zu Haushaltszucker. Damit fällt der Glukoseanstieg im Blut durch Trehalose entsprechend geringer aus. Bei einem Vergleich der Effekte einer Glukose-, Galaktose- (Schleimzucker aus der Milch) und Trehalosezufuhr während eines Radergometertests konnte bislang allerdings kein höherer Effekt auf die Ausdauerleistungsfähigkeit festgestellt werden als durch Verzehr von Glukose.

Als Kohlenhydratquelle für eine Belastungsphase eignen sich daher grundsätzlich zum Beispiel entsprechende Mengen an naturbelassenem Apfel- oder Orangensaft in Kombination mit Traubenzucker. Allerdings berichten hierbei viele Sportler von Magenbeschwerden oder Sodbrennen während des Trainings, die vermutlich durch Fruktose beziehungsweise Fruchtsäuren entstehen. Eine mögliche Alternative bietet daher ein sogenanntes Maltodextrin-Supplement, das ein Gemisch an Kohlenhydraten unterschiedlicher Kettenlänge enthält. Maltodextrine werden aus Maisstärke gewonnen und die Kohlenhydratketten durch Enzyme unterschiedlich bearbeitet. Der Grad der Verarbeitung lässt sich an den Zahlen (zum Beispiel Maltodextrin 6 oder 19) ablesen. Je höher die Zahl, umso stärker die enzymatische Vorbereitung und umso höher die Geschwindigkeit, mit der diese Kohlenhydratquelle in das Blut eintritt. Allerdings lässt sich mit Maltodextrin 6 eine größere Menge an Pulver in Wasser auflösen als

35

mit dem 19er-Produkt. Die Frage ist daher, ob man während einer Ausdauerbelastung vorwiegend an der Menge der Kalorien beziehungsweise Kohlenhydrate oder an der Geschwindigkeit der Energiebereitstellung interessiert ist. Denkbar ist auch, beide Produkte zu entsprechend unterschiedlichen Zeiten innerhalb eines mehrstündigen Ausdauerwettkampfes einzusetzen.

Im Vergleich zu anderen Kohlenhydratquellen ist Maltodextrin fast geschmacksneutral, weshalb viele Sportler zum Beispiel noch Fruktose hinzufügen. Ein derartiges Getränk, das dann 7,5 Prozent Maltodextrine und 3,75 Prozent Fruktose enthält (11,25 Prozent Gesamtanteil an Kohlenhydraten), führt zu einer Aufnahmerate von circa 1,5 Gramm Kohlenhydraten pro Minute.

Die angegebene Höchstmenge von zehn Prozent Kohlenhydraten pro 100 Milliliter Flüssigkeit kann demnach überschritten und vom Stoffwechsel auch verwertet werden, sofern die Kohlenhydrate aus unterschiedlichen Quellen stammen.

Um im Verlauf der Verdauung eine maximal schnelle Aufnahme durch den Dünndarm zu erzielen, ist zusätzlich ein Natriumgehalt von 400 bis 500 Milligramm pro Liter Flüssigkeit notwendig. Durch das Vorhandensein von Natrium erhöht sich die Aufnahmerate der Flüssigkeit in Kombination mit den Kohlenhydraten um das Drei- bis Vierfache pro Stunde im Vergleich zu üblichem Mineralwasser. Es kann also Sinn machen, ein vorhandenes Mineralwasser mit einer entsprechenden Menge Kochsalz (ein bis zwei Gramm pro Liter) anzureichern, da viele Wassersorten den für den Sport angestrebten Natriumwert nicht erreichen. Auch viele sogenannte Sportlergetränke erfüllen die notwendigen Kriterien nur teilweise oder gar nicht. Bei der Analyse einiger dieser Getränke fällt auf, dass manche Hersteller ihren Produkten entweder zu wenig Natrium und/oder zum Teil dreimal so viel Zucker beimischen, wie es optimal wäre. Dadurch ergibt sich eine deutliche Verzögerung der Flüssigkeitsaufnahme im Darm, und es ist unter Umständen mit Leistungseinschränkungen beim Sport zu rechnen.

Die optimale Temperatur für ein Sportgetränk ist dagegen noch nicht eindeutig geklärt. Viele Sportler kommen erfahrungsgemäß mit fünf bis zehn Grad kühlen Getränken am besten zurecht. Andere können wärmere Flüssigkeiten besser vertragen als kältere. Denkbar ist das Auftreten von Magenbeschwerden oder sogar Durchfall durch zu kalte Getränke. Studien zeigen weiterhin, dass es vielen Sportlern leichter fällt, große Mengen Flüssigkeiten aufzunehmen, wenn diese einen Geschmack haben. Nicht zuletzt deswegen gilt eine kohlenhydrathaltige Flüssigkeit als sehr gute Sportlergetränkewahl.

Für Sportler, die regelmäßig bei großer Hitze (35 Grad und mehr) ihre Trainingseinheiten absolvieren, ist relevant, dass sich die Kohlenhydrataufnahme aufgrund der verstärkten Haut- und der damit reduzierten Organdurchblutung verringert. Die zur Leistungserhaltung notwendigen Kohlenhydrate stammen dann zu einem deutlich höheren Anteil aus den Muskelglykogenspeichern. In Studien kam es zu einer erhöhten Kohlenhydratverbrennung aus diesen Speichern von 25 Prozent im Vergleich zu kühleren Temperaturen (16 Grad). Empfohlen wird daher eine Anpassung der beim Training einzunehmenden Kohlenhydratmengen (50 bis 60 anstelle 60 bis 70 Gramm pro Stunde) und eine Erhöhung des Wasseranteils zur Wärmeregulation (Jentjens 2002).

Zusammenfassend lässt sich sagen: *Dauert eine sportliche Belastung länger als eine Stunde an, sollte regelmäßig für Flüssigkeitsersatz gesorgt werden. Zucker und Salz ergänzen sich optimal innerhalb eines Sportlergetränkes. 400 bis 500 Milligramm Natrium und circa 60 bis 80 Gramm Kohlenhydrate pro Liter verkürzen die Magenentleerung und beschleunigen die Aufnahme der Flüssigkeit im Darm im Vergleich zu reinem Wasser. Durch Kombination verschiedener Kohlenhydratquellen kann die Kohlenhydratverbrennung gesteigert und die Leistungsfähigkeit verbessert werden.*

Eiweiß als Treibstoff für die Sportskanone.

Kapitel 4

Der menschliche Stoffwechsel befindet sich in einem ständigen Wechsel von Auf- und Abbau von Körpergewebe und Zellen. In bestimmten Situationen (zum Beispiel während des Wachstums und in der Schwangerschaft) überwiegt die sogenannte Anabolie. Das heißt eine natürliche und notwendige Aufbauphase im Stoffwechsel, wofür unter anderem genügend Proteine zur Verfügung gestellt werden müssen. Ob genügend Proteine vorhanden sind, lässt sich durch die Messung der sogenannten Stickstoffbilanz ermitteln. Jede Aminosäure (AS) enthält mindestens ein Stickstoffatom, das beim AS-Abbau durch einen Umbauprozess auf Harnstoff übertragen und mit dem Urin ausgeschieden wird. Beim Vergleich der durch die Ernährung zugeführten mit der ausgeschiedenen Stickstoffmenge ergibt sich eine Stickstoffbilanz. Ist diese positiv, das heißt wird mehr Stickstoff aufgenommen als ausgeschieden, spricht man von einem anabolen Stoffwechsel. Dieser ist unter anderem für den Aufbau von Muskelmasse und Kraft eine wichtige Voraussetzung. Im Falle einer Krankheit oder auch einer Gewichtsreduktion wird meist mehr Stickstoff ausgeschieden als aufgenommen wird, und eine katabole Stoffwechselsituation entsteht. Hierbei wird häufig aus einem Teil der in der Muskulatur gespeicherten Proteine durch den Prozess der Glukoneogenese energieliefernde Glukose gebastelt.

Unter Normalbedingungen ist die Stickstoffbilanz beim Menschen ausgeglichen bis leicht positiv. Damit das so bleiben kann, empfiehlt die Deutsche Gesellschaft für Ernährung (DGE) eine Proteinzufuhr von 0,8 Gramm pro Kilogramm Körpergewicht auch für Sportler. Die entsprechende Stellungnahme des Arbeitskreises Sport und Ernährung hierzu: »Nach allen bisher vorliegenden experimentellen Befunden reicht sie [die oben genannte Proteinmenge!] aus, um jeden Bedarf an Aminosäuren sicherzustellen. Dies gilt auch für Menschen mit sehr großer Muskelmasse wie Kraftsportler und Bodybuilder [...].« Die Frage, ob und um wie viel Gramm sich der Eiweißbedarf durch intensives Training erhöht, wird allerdings seit Jahrzehnten kontrovers diskutiert. Denn entgegen der DGE-Meinung, hohe Leistungsfähigkeit im Sport wäre vor allem durch adäquat hohe Kohlenhydratzufuhr erzielbar, kann eine Erhöhung des Eiweißanteils zulasten der Kohlenhydrate sich nachweislich sehr deutlich leistungssteigernd für Sportler auswirken. Damit ignoriert die DGE Dutzende von Studien der letzten Jahrzehnte.

Mehr Protein für mehr Muskelmasse.

Unter anderem Robert Wolfe kommt in seiner im Jahr 2000 vorgelegten Arbeit über Proteinsupplemente und Training zu dem Ergebnis, dass eine direkte Verbindung zwischen AS-Zufuhr in den Muskel und dem Muskelproteinaufbau besteht (Wolfe 2000). Weiterhin weist er auf die zumindest anfänglich negative Stickstoffbilanz von Sportlern nach Aufnahme eines Krafttrainings hin. Diese Beobachtung wird durch andere Untersuchungen gestützt, in denen zum Erzielen einer ausgeglichenen Stickstoffbilanz im Anfangsstadium eines Bodybuildingtrainings 1,4 bis 1,5 Gramm Eiweiß pro Kilogramm Körpergewicht nötig wurden. Berücksichtigt man diese Ergebnisse, ergibt sich eine tägliche Zufuhr von 1,6 bis 1,8 Gramm pro Kilogramm Körpergewicht (doppelt so viel wie in den offiziellen Ernährungsrichtlinien empfohlen) zum Erzielen einer positiven Stickstoffbilanz. Dieser gesteigerte Bedarf lässt sich vorrangig auf den erhöhten Einsatz von AS in der Reparatur und im Aufbau von Muskelfasern zurückführen.

Zwar ergibt sich für einen Ausdauerathleten ein geringerer Verschleiß an Muskelstrukturen im Vergleich zum Kraftsportler, dennoch wird auch im Ausdauersport eine relative Erhöhung des Eiweißanteils nötig. Unweigerlich wird besonders bei lang anhaltenden Trainingseinheiten ein bestimmter Anteil an Eiweiß zur Energiegewinnung herangezogen. Dabei gilt es zu beachten: Je leerer die Glykogenspeicher, umso stärker dieser Effekt. Ausgehend von einer längeren Belastung bei 60 Prozent der VO_2max (maximale Sauerstoffaufnahmekapazität) werden circa drei bis sechs Prozent der zur Verfügung stehenden Energie durch Verbrennung von Aminosäuren geliefert. Einem Ausdauerathleten kann daher nach aktuellem Kenntnisstand eine tägliche Eiweißzufuhr von 1,2 bis 1,4 Gramm pro Kilogramm Körpergewicht empfohlen werden. Sportlern, die sowohl Schnellkraft- als auch Ausdauerelemente in ihrer Disziplin vereinen, wird ebenfalls zu einer Erhöhung der Proteinzufuhr geraten. So hält Peter Lemon von der University of Western Ontario für Fußballer eine Orientierung an 1,4 bis 1,7 Gramm pro Kilogramm Körpergewicht für sinnvoll (Lemon 1994). Wie viel Eiweiß ein Mensch pro Kilogramm Körpergewicht mit der Nahrung aufnimmt, hängt entscheidend mit der Zusammensetzung seiner Ernährung zusammen. Eine wie in diesem Buch beschriebene Low-Carb-Ernährung wird erfahrungsgemäß bereits circa 1,2 bis 1,5 Gramm Eiweiß pro Kilogramm Körpergewicht liefern. Durch kohlenhydratarme und proteinreiche Kost ist der bei Ausdauer-, Kraft- oder Spielsportlern gesteigerte Proteinbedarf wesentlich leichter abzudecken als mit einer kohlenhydratreichen (proteinarmen) Kost.

Nahrungsmittel jeweils 100 Gramm	Proteingehalt in Gramm
geräucherter Lachs	28,5
Edamer, 45 Prozent Fett i.Tr.	24,8
Putenbrust	24,1
Hühnerbrust	22,2
Schweinefleisch, Muskelfleisch	22,0
Thunfisch	21,5
Rinderfilet	21,2
Heilbutt	20,1
Garnele (Speisekrabbe)	18,6
Haferkleie	17,8
Speisequark, 20 Prozent Fett	12,5
1 Hühnerei, 58 Gramm	7,4
gekochte Erbsen	5,4
gekochte Kartoffeln	2,0

Proteinhaltige Lebensmittel aus »Die große GU Nährwert Kalorien Tabelle«.

Viele Leute behaupten immer wieder, dass auch Kartoffeln eiweißreich seien! Tatsächlich aber ist es so: Wie der Auflistung zu entnehmen ist, haben Kartoffeln nur wenig Eiweiß (2 Gramm pro 100 Gramm). Allerdings sind die AS, die in der Kartoffel vorkommen, im Vergleich zu anderen pflanzlichen Lebensmitteln recht hochwertig.

Im Leistungsbereich wird also zu einer ausreichenden Proteinzufuhr im Bereich von 1,5 bis 2,0 Gramm pro Kilogramm Körpergewicht geraten. Selbstverständlich sollte, wie schon erwähnt, der Proteinbedarf eines Sportlers in erster Linie durch die Nahrung abgedeckt werden. Allerdings sind mir einige Athleten bekannt, die bei der Zufuhr der angegebenen Proteinmengen in Richtung zwei Gramm pro Kilogramm Körpergewicht allein über die Nahrung größte Schwierigkeiten haben. So liefern zum Beispiel selbst sieben Eier in einem Omelett verarbeitet »nur« 56 Gramm Protein. Bei einem Gesamtbedarf von circa 200 Gramm am Tag wird schnell klar, dass diese angestrebte Proteinzufuhr ausschließlich über feste Nahrung wie Eier, Putenbrust und Quark nur schwer erreichbar ist.

Dies bestätigen auch wissenschaftliche Untersuchungen. So ist einem umfangreichen Übersichtsartikel über Training und Sporternährung aus dem Jahr 2003 zu entnehmen, dass Läufer, Radfahrer, Schwimmer, Triathleten sowie Turner, Tänzer, Skater, Wrestler und Boxer anfällig für mangelnde Proteinzufuhr sind. Um diese Werte zu erreichen, kann eine Proteinsupplementation in Form eines Eiweißshakes die Sache etwas erleichtern. Zur Untermauerung ein Anschauungsbeispiel für einen 80 Kilogramm schweren Sportler mit einem Proteinbedarf von 1,5 Gramm pro Kilogramm Körpergewicht (entspricht 120 Gramm Protein). Die Auflistung der proteinhaltigen Lebensmittel ist willkürlich gewählt und kann natürlich auch anders gewichtet werden.

Mahlzeit	Zusammenstellung	enthaltene Eiweißmenge in Gramm
Frühstück	200 Gramm Quark, 20 Prozent Fett i. Tr. plus 100 Gramm Erdbeeren	26
Zwischenmahlzeit 1	2 Vollkornbrötchen plus 2 Scheiben Putenbrust	20
Mittagessen	250 Gramm Fisch und 200 Gramm Gemüse	23
Zwischenmahlzeit 2 nach dem Training	Proteinshake mit 3 gehäuften Esslöffeln Pulver (30 Gramm) plus 300 Milliliter Milch (3,5 Prozent Fett) oder Wasser	36
Abendessen	2 Eier plus 150 Gramm Rohkost und Dip	15
Gesamt:		120

Ob ein Eiweißshake in der Sportlerernährung Sinn macht oder nicht, hängt also ganz von den Zielsetzungen und sonstigen Ernährungsgewohnheiten des Sportlers ab. Wenn der tägliche Proteinbedarf durch Nahrung nicht oder nur schwer gedeckt werden kann, ist eine solche Supplementation ratsam. Im Übrigen kommen Eiweißshakes auch häufig während einer Gewichtsreduktionsphase erfolgreich zum Einsatz. Mehr zum Thema Low-Carb und Abnehmen erfahren Sie im Kapitel: »Weniger Körperfett für mehr Leistung!«

Im Bodybuilding und Kraftsport ist das regelmäßige Futtern von Proteinen schon längst zur Regel geworden. In diesem Buch erfahren Sie, warum auch Ausdauerathleten und Sportler aus Spielsportarten von einer Erhöhung des täglichen Proteinanteils in ihrer Ernährung profitieren können. Eine proteinreiche Nahrung kann zum Beispiel entscheidende Vorteile hinsichtlich der Lieferung unentbehrlicher (essenzieller) AS und damit der Optimierung zahlreicher Stoffwechselfunktionen haben. Hierbei rücken vor allem einzelne AS in den Fokus. Außerdem kann überschüssiges Körperfett durch Kohlenhydrateinschränkung und Erhöhung des Eiweißanteils leichter abgebaut werden. Und keine Sorge: Eine Ernährungsumstellung auf Low-Carb hält viele spannende Mahlzeitenvarianten bereit. Denn die Fülle an proteinreichen Nahrungsmitteln ist groß. Besonders Fisch stellt mit seiner guten Verdaulichkeit und dem hohen Anteil an unentbehrlichen AS eine ausgezeichnete Proteinquelle dar. Neben Proteinen enthält vor allem fetter Kaltwasserfisch gesundheitsfördernde Omega-3-Fettsäuren und ist darüber hinaus auch die einzige relevante Vitamin-D-Quelle in unserer Nahrung. Fisch liefert zudem reichlich Kalium, eines der Mineralien, bei denen es bei Sportlern häufig zu Mangelerscheinungen kommt. Und auch Fleisch liefert eine hohe Menge an wichtigen Makro- und Mikronährstoffen. Neben den essenziellen Amino- und Fettsäuren sind Eisen, Zink und Vitamin B_1, B_2, B_6 und B_{12} – alles Nährstoffe, die in der Sporternährung eine wichtige Rolle einnehmen – in sehr relevanter Menge im Fleisch enthalten. Im Übrigen enthält Fleisch aus artgerechter Haltung oft eine günstigere Fettsäurenzusammensetzung als Fleisch aus Mastbetrieben.

Neben Fisch, Meerestieren und Fleisch bieten sich allerdings auch Milchprodukte (Quark und Käse), Eier oder Hülsenfrüchte (Erbsen und Bohnen) als gute Eiweißquellen an. Reichlich Protein steckt außerdem in Sojaprodukten (zum Beispiel Tofu). Eiweiß wird im menschlichen Stoffwechsel für eine Reihe lebenswichtiger Funktionen benötigt. So ist dieser Nährstoff unter anderem am Aufbau von Zellen des Muskel-, Knochen- und Bindegewebes und der Bildung von Hormonen und Enzymen beteiligt. Proteine sind zudem Bestandteil von Abwehrstoffen und bieten damit einen großen Nutzen für die Stabilisierung des Immunsystems. Im Blut übernehmen Proteine weiterhin eine Transportfunktion zum Beispiel für Fette, Hormone oder Sauerstoff (Hämoglobin). Unter bestimmten Voraussetzungen können Proteine auch verstärkt zur Energiegewinnung herangezogen werden.

Seitens der offiziellen Ernährungsrichtlinien der Deutschen Gesellschaft für Ernährung (DGE) soll der Anteil an Proteinen in der täglichen Nahrung nicht mehr als neun bis elf Prozent der Gesamtkalorienmenge ausmachen. Selbst für Sportler soll, wie bereits erwähnt, dieser Proteinanteil ausreichen. Gemäß der Ergebnisse der Nationalen Verzehrstudie aus dem Jahr 2008 liegt der Anteil der Proteine an der Kalorienzufuhr in Deutschland bei Frauen wie bei Männern aber bei 14 Prozent. Deshalb bescheinigen die Ernährungsfachgesellschaften der deutschen Bevölkerung nicht nur eine ausreichende, sondern sogar eine – vermeintlich – übermäßige Zufuhr von Proteinen.

Tatsächlich sind unsere Ernährungsgewohnheiten stark kohlenhydratbetont. Getreide und Kartoffeln waren und sind die billigsten Energielieferanten. Je weniger Geld Menschen zur Verfügung haben, desto mehr müssen sie von den billigen »Sättigungsbeilagen« essen. Andererseits haben die Kohlenhydrate im Sportbereich in den letzten

Jahrzehnten einen ungeahnten Imageschub erlebt. Immer wieder wird in Publikationen über Sporternährung vorwiegend auf die Bedeutsamkeit der Kohlenhydratzufuhr und der Füllung der Kohlenhydratspeicher hingewiesen. In einer »guten« Sportlerkost bilden heute meistens kohlenhydratreiche Mahlzeiten mit reichlich Brot, Müsli und Nudeln die Grundlage. Stattdessen ist es jedoch hilfreich, mehr Protein zu essen. Wichtig hierbei ist allerdings nicht nur die Gesamtmenge, sondern auch die Qualität der Proteine. Dabei lohnt sich ein Blick auf die Bestandteile eines Proteins, die AS.

Qualität ist wichtig.

Jedes Protein besteht aus einer mehr oder weniger langen Kette von miteinander verknüpften AS. AS-Ketten mit weniger als 100 miteinander verbundenen AS werden auch Peptide genannt, erst ab einer größeren Anzahl von AS spricht man von einem Protein. Es gibt acht unentbehrliche (essenzielle) AS, die der Mensch nicht selbst bilden kann. Diese AS müssen über Nahrung zugeführt werden. Die übrigen AS können entweder vom Körper selbst hergestellt werden (entbehrlich oder nicht essenziell) oder sind nur in bestimmten Lebenssituationen wie zum Beispiel im Wachstum, während einer Krankheit oder bei starker körperlicher Beanspruchung unentbehrlich (semi-essenziell).

Für die Qualität der Proteine ist es entscheidend, aus welchen Lebensmitteln sie stammen. Denn je nach Herkunft ergeben sich völlig unterschiedliche AS-Profile. Soja zum Beispiel bietet pro 100 Gramm zwar eine hohe Menge an Gesamtprotein, allerdings ist darin der Anteil einer bestimmten unentbehrlichen Aminosäure (Methionin) sehr gering. Stellt (wie in der vegetarischen Ernährung gelegentlich üblich) Soja die dominierende Eiweißquelle dar, kann ein Mangel an Methionin entstehen. Das Ziel einer optimalen Ernährung sollte es sein, sich im Hinblick auf verfügbare Eiweißquellen möglichst vielseitig zu ernähren. Dabei gilt: Tierisches Protein ist grundsätzlich hochwertiger als pflanzliches. Tierisches Protein ist hauptsächlich in Fleisch, Fisch, Meerestieren, Milchprodukten und Ei zu finden. Hülsenfrüchte, Getreideerzeugnisse, Nüsse und Sojaprodukte sind die Hauptlieferanten pflanzlichen Proteins.

Zur objektiven Bewertung eines Proteins existieren mehrere Verfahren. Das wohl bekannteste ist die Berechnung der biologischen Wertigkeit (BW). Diese gibt Aufschluss darüber, wie zuverlässig das zugeführte Protein die Stickstoffbilanz ausgleicht. Je höher der Anteil an essenziellen AS in einem Nahrungsprotein, umso höher ist dessen Wertigkeit und umso höher fällt die Umsatzrate in körpereigenes Eiweiß aus. Als Referenzwert gilt hierbei die Aminosäurensequenz des Volleiproteins mit einem festgesetzten Wert von 100. Dabei bedeutet die Zahl 100 nicht, dass 100 Prozent des zugeführten Proteins auch aufgenommen und vom Stoffwechsel verarbeitet werden. So weit die Theorie. Denn in der Realität muss stets mit deutlichen Verlusten durch Verdauungs- und Umbauprozessen gerechnet werden. Mit der AS-Sequenz eines Volleis werden nun alle anderen Proteinquellen verglichen. Grundsätzlich gilt hierbei: Tierische Proteine besitzen eine höhere BW als pflanzliche.

Die geringe BW einiger Proteine lässt sich allerdings durch die geschickte Kombination zweier Proteinquellen ausgleichen. Dabei können sich die in den Nahrungsmitteln enthaltenen AS derart ergänzen, dass sich biologische Wertigkeiten von über 100 erzielen lassen. Die vielleicht berühmteste Kombination lautet: Vollei plus Kartoffel. In einem Mischverhältnis (in Bezug auf die Proteine!) von 36 zu 64 ergibt sich für diese Kombination eine BW von 136. Diese zwei Proteinquellen müssen jedoch nicht gemeinsam, sondern können auch innerhalb von vier bis sechs Stunden zeitversetzt gegessen werden, um die Ergänzungswirkung zu nutzen.

Allerdings weist das BW-Konzept Lücken auf. Zwar wird das Vorkommen essenzieller AS, nicht aber die tatsächliche Verdaulichkeit berücksichtigt. Seit einigen Jahren ist daher die Bewertung von Proteinen nach dem »Protein Digestibility Corrected Amino Acid Score«, kurz PDCAAS etabliert. Diese Berechnung berücksichtigt den AS-Gehalt, die Verdaulichkeit des Proteins und die Fähigkeit eines Proteins, die dem menschlichen Bedarf entsprechenden unentbehrlichen (essenziellen) Aminosäuren liefern zu können. Dabei ist der höchstmögliche PDCAAS-Wert eines Proteins 1. Alle Eiweißquellen mit Werten darüber werden auf 1 abgerundet, denn sie liefern dieser Theorie nach keinen zusätzlichen Nutzen.

Proteinquelle	PDCAAS	biologische Wertigkeit
Molkenprotein (Laktalbumin)	1	104
Vollei	1	100
Milchprotein (Kasein)	1	77
Sojaprotein	1	74
Rindfleisch	0,92	80
Weizen (Gluten)	0,25	64

PDCAAS und biologische Wertigkeit ausgewählter Proteinquellen, modifiziert nach U.S. Dairy Export Council (1999) und Sarwar (1997).

Aber auch für die PDCAAS-Bewertung gab und gibt es Kritik. Als Referenzwert wird nämlich der AS-Bedarf von Zwei- bis Fünfjährigen herangezogen. Dessen Gültigkeit für Erwachsene ist umstritten.

Zumindest in den Produktbeschreibungen von Proteinsupplementen ist nach wie vor häufig die BW zu finden. Zeitweise war zwischen den Proteinsupplementherstellern ein regelrechter Wettkampf um das Produkt mit der höchsten BW ausgebrochen. Nicht selten tauchen Werte jenseits der 140 oder sogar 150 auf. Diese Zahlen scheinen nach aktuellem Kenntnisstand nur auf dem Papier und unter Verwendung anderer Berechnungsgrundlagen möglich. Darüber hinaus muss berücksichtigt werden, dass die Proteinverwertung aus der Nahrung ohnehin nur unzureichend dargestellt werden kann. Je niedriger nämlich die Gesamteiweißzufuhr, desto effizienter läuft die Proteinverwertung im Stoffwechsel ab und umgekehrt. Daher nimmt für jemanden, der bereits eine ausgeglichene Stickstoffbilanz aufweist, die Bedeutsamkeit der Proteinwertigkeit bei weiterer Eiweißerhöhung ab. Eine Orientierung an einer BW von 100 beziehungsweise einen PDCAAS-Wert von 1 ist daher für die Auswahl eines Proteinsupplementes völlig ausreichend.

Einzelne Aminosäuren bieten Zusatznutzen.

Das Hauptaugenmerk der Ernährungswissenschaft lag in den letzten Jahrzehnten häufig auf
den unentbehrlichen AS. Ist allerdings deren
Bedarf gedeckt, könnte es Sinn machen, auch
einen Blick auf die entbehrlichen AS zu werfen.
In einer Studie mit Sportstudenten aus dem

> ## Aminosäurenpool
>
> Sowohl im Blut als auch in verschiedensten
> Geweben des menschlichen Körpers kom-
> men Aminosäuren in freier Form, das heißt
> nicht in Proteinen gebunden, vor. Sie stam-
> men vor allem aus der Nahrung und dem
> Proteinabbau.

Jahr 2008 konnte zum Beispiel nach einem 2,5-stündigen Dauerlauf ein um 25 Prozent
reduzierter Blutspiegel der entbehrlichen AS Glycin festgestellt werden (Weiß 1999).
In Kombination mit dem Absinken einiger weiterer (unentbehrlicher und entbehrlicher) AS könnten Überlastungssyndrome von Sportlern erklärt werden. Gerade im
Sport kann eine gezielte Zufuhr auch entbehrlicher AS Immunfunktionen verbessern
und die Verletzungsanfälligkeit herabsetzen. Diese Zusammenhänge haben besonders
für Sportler eine sehr große Bedeutung! Denn was bringt ein noch so intensives Trainingsprogramm, wenn diesem eine mehrwöchige Krankheits- oder Verletzungspause
folgt? Trainingserfolge werden dadurch zielsicher zunichte gemacht. Eines der obers-
ten Sportlerziele sollte es sein, über lange Zeiträume hinweg gesund und verletzungs-
frei zu bleiben, um kontinuierliche Leistungssteigerungen erzielen zu können. AS können dabei helfen! Ein weiteres Argument für eine proteinreiche, kohlenhydratreduzierte Ernährung.

Unabhängig von der Quelle eines Proteins: Nach dem Verzehr wird es im Verdauungstrakt zunächst in kurze AS-Ketten (Peptidketten) oder einzelne AS zerlegt. Diese sorgen nach ihrer Aufnahme über die Darmschleimhaut und ihrer Weiterleitung ins Blut
für einen Anstieg des sogenannten freien AS-Pools. Hierunter sind die AS zu verstehen, die im Körper nicht proteingebunden sind und als eine Art Zwischenspeicher dienen. Der Anteil freier AS macht circa ein Prozent des gesamten Körpereiweißes aus.
Im Übrigen werden kurze AS-Ketten auch schneller im Darm aufgenommen als die
kompletten Proteine. In den Stoffwechselprozessen von bestimmten Zellen werden
AS wieder zu komplexen AS-Ketten zusammengesetzt. Die Anordnung der AS in einer
Kette bestimmt letztlich die Funktion und Aufgabe eines Proteins. Sie wird genetisch
festgelegt.

AS sind an einer Vielzahl komplexer Aufgaben im menschlichen Körper beteiligt. Regelmäßiges und intensives Training führt aufgrund von Muskelschädigungen und der Energiebereitstellung mittels AS-Verbrennung während der Belastung zu einem Verlust von
AS und zu einer Verringerung des AS-Pools. Dieser Effekt ist teilweise noch Stunden
nach der Belastung messbar. Wen wundert es, dass bei vielen Sportlern ein Mangel an
AS festgestellt werden kann, der zu verzögerter Regeneration, hoher Verletzungsanfälligkeit oder geschwächtem Immunsystem führen kann? Letzteres ist durch intensive
Ausdauerbelastung besonders beeinträchtigt. Wohingegen Ausdauersport bei niedriger bis mittlerer Intensität das Immunsystem im Vergleich zu Nichtsportlern stärkt,
sind Sportler, die intensiv und häufig trainieren, gefährdet. In der Medizin ist dies
als Open Window Phänomen bekannt. Weitere Stressoren wie Schlafdefizit oder psy-
chischer Stress verstärken diese Immunbeeinträchtigung zusätzlich. Die Folge: Viren
und Bakterien können besonders in den ersten Stunden nach einer intensiven Ausdau-

> **Lymphozyten**
>
> Gehören zur Gruppe der weißen Blutkörperchen. Sie sind vorwiegend für die Erkennung und Beseitigung von Bakterien und Viren zuständig. Glutamin dient diesen Zellen dabei als überwiegende Energiequelle.

erbelastung den Körper befallen und Infektionen auslösen. In Untersuchungen an Marathonläufern konnte festgestellt werden: Je schneller der Läufer, umso höher die Wahrscheinlichkeit einer Infektion der oberen Atemwege (Peters 1983)! Das erhöhte Infektrisiko besteht im Regelfall übrigens bis zu zwei Wochen nach einem Marathon oder Ultralauf! So wurde zum Beispiel durch eine Studie festgestellt, dass 68 Prozent der Teilnehmer eines 90-Kilometer-Laufes in den nachfolgenden zwei Wochen Symptome eines Infektes der oberen Atemwege aufwiesen (Peters 1993). Eine gezielte AS-Gabe kann dieses Problem deutlich senken (Bassit 2002, Castell 2002).

Glutamin für mehr Immunstabilität.

Glutamin kann vom Körper selbst gebildet werden und gilt daher als entbehrliche AS. Glutamin findet sich natürlich auch in der Nahrung, meistens in Form von Glutaminsäure. Molkeneiweiß, Käse sowie Fleisch und Keime enthalten große Mengen dieser entbehrlichen AS. Keime liefern im Übrigen noch weitere stoffwechselaktive AS, wie zum Beispiel Arginin. Dieser AS werden einige positive Effekte nachgesagt, die für Sportler ebenfalls von Bedeutung sein können.

Glutamingehalt verschiedener Nahrungsmittel.

Nahrungsmittel jeweils 100 Gramm	Glutamingehalt in Milligramm
Parmesan	8.100
Appenzellerkäse 20% Fett i. Tr.	7.860
Sauermilchkäse (Harzer-, Mainzer-, Hand-, Stangenkäse; höchstens 10% Fett i. Tr.)	6.990
Sojabohne (Samen, trocken)	6.990
Cheddarkäse 50% Fett i. Tr.	6.620
Sonnenblume (Samen, trocken)	6.400
Hühnerei (Gesamtinhalt, getrocknet, Trockenvollei)	6.390
Tilsiterkäse 30% Fett i. Tr.	6.380
Gouda 45% Fett i. Tr.	6.280
Edamerkäse 30% Fett i. Tr.	6.210

Wissenschaftler gehen seit einiger Zeit davon aus, dass in bestimmten Situationen (zum Beispiel intensives Ausdauertraining oder Krankheiten) der Glutaminbedarf die Menge des vom Körper selbst produzierten Glutamins übersteigt. Glutamin wird daher mittlerweile als semi-essenzielle AS bezeichnet. Keine Überraschung also, dass bei übertrainierten Sportlern reduzierte Glutaminspiegel festgestellt wurden (Pedersen 1999). Eine weitere Bestätigung für den hohen Glutaminverbrauch durch intensiven Ausdauersport liefert unter anderem eine Untersuchung von Linda Castell aus dem Jahr 1997. Hierbei wurde herausgefunden, dass die Blutkonzentration der AS Glutamin nach einem Marathon um bis zu 20 Prozent reduziert ist! Die verringerte Konzentration kann sogar mehrere Tage bis Wochen andauern und das Immunsystem schwächen. Wird eine Glutamingabe unmittelbar nach einem Marathonlauf verabreicht, senkt das die Infektrate signifikant (Castell 1997). Einige weitere Studien zeigen ebenfalls, dass eine Glutaminsupplementation mit einer verringerten Infektrate einhergeht (Castell 2002). Bei schwerkranken Patienten kann Glutamin in Mengen zwischen 20 und 50 Gramm am Tag den Krankhausaufenthalt deutlich verkürzen und in manchen Fällen sogar die Sterblichkeitsrate reduzieren (Boelens 2001, Newsholme 2001). Diese Immunstimulans kann auf die verbesserte Zellteilung und die erhöhte Aktivität der Lymphozyten durch ausreichende Glutaminzufuhr zurückgeführt werden. Da diese Immunzellen ihren Energiebedarf größtenteils aus Glutamin decken, kann durch eine Stimulierung die Erkennung und Beseitigung von Viren und Bakterien optimiert werden. Der Löwenanteil einer durch Supplementation gelieferten Glutaminmenge wird daher im Darmtrakt von Immunzellen in der Leber oder der Niere verwertet. Gemäß einer Studie von 1999 liegt dieser Anteil bei über 50 Prozent (Bowtell 1999). Nur wenig Glutamin erreicht letztendlich das Blut. Um allerdings den Glutaminspiegel im Blut zu stabilisieren, bietet die Supplementierung der sogenannten verzweigtkettigen AS Valin, Leucin und Isoleucin (auf Englisch kurz BCAA) eine weitere Möglichkeit.

Eine Ergänzung von täglich sechs Gramm dieser Kombination an unentbehrlichen AS über einen Zeitraum von 30 Tagen bei Triathleten und 15 Tagen bei Läufern führt zu einem gleichmäßigen Glutaminspiegel im Blut, auch nach einer erschöpfenden Belastung (Bassit 2002). Über die BCAA-Zufuhr kann also die Produktion von Glutamin erhöht und damit die Blutkonzentration stabilisiert werden. Ohnehin befindet sich knapp 90 Prozent des Glutaminbestandes im Skelettmuskel. Der Anteil an Muskelglutamin ist im Vergleich zu den anderen AS etwa 50- bis 200-mal so hoch. Weiterhin ist Glutamin die einzige AS, die zwei Stickstoffatome pro Molekül liefert und damit ein wichtiger Stickstofflieferant für die Muskulatur ist. Außerdem gibt es Hinweise darauf, dass Glutamin die Ausschüttung eines Wachstumshormones stimuliert. Glutamin wird daher auch gerne von Personen eingesetzt, die Krafttraining betreiben. Die Studienlage über mögliche positive Effekte einer Glutaminzufuhr hinsichtlich des Muskelwachstums ist jedoch uneinheitlich. Bis hierhin kann man sagen, dass durch Glutamin in vielen Fällen immunstimulierende Effekte zu erwarten sind. Hinsichtlich des Muskelaufbaus sprechen bislang eher individuelle Erfahrungsberichte für die Einnahme von Glutamin. Entsprechende klinische Untersuchungen hierzu zeigen keine eindeutigen Vorteile. Als Zusatz in Höhe von acht Gramm zu einem Kohlenhydratgetränk verstärkt Glutamin allerdings die Kohlenhydratspeicherung, vorrangig in der Leber (Bowtell 1999). Und auch während einer kohlenhydratarmen Ernährung kommt Glutamin eine besondere Bedeutung zu. Stehen dem Gehirn nicht ausreichend Kohlenhydrate zur Energiegewinnung zur Verfügung, wird verstärkt energieliefernde Glukose aus Glutamin gebildet. Zusätzlich stellt Glutamin beziehungsweise die eng verwandte AS Glutaminsäure die Vorstufe der sogenannte Gamma-Aminobutter-Acid, kurz GABA, dar. Dies ist ein Neurotransmitter, sprich Botenstoff, im Gehirn und entfaltet eine beruhigende und besänftigende Wirkung.

Stickstoffmonoxid (NO)

Stickstoffmonoxid wird von Enzymen im Stoffwechsel gebildet und wirkt unter anderem gefäßerweiternd. Die Aminosäure stellt die einzige bekannte natürliche Substanz dar, die von außen zugeführt im Körper zur Bildung des gasförmigen Stickstoffmonoxids führt.

Der Gegenspieler, Glutamat, kann ebenfalls aus Glutamin und Glutaminsäure gebildet werden. Glutamat übernimmt im Gehirn wichtige Funktionen bei der Sinneswahrnehmung und Bewegungsausführung sowie der Appetitregulation. Es wirkt appetitanregend und wird deshalb von der Nahrungsmittelindustrie häufig als Geschmacksverstärker verwendet. Eine zu hohe Zufuhr an Glutamat beziehungsweise der AS Glutamin kann daher auch negative Wirkung auf Gehirnfunktionen haben. Zumindest in Tierversuchen konnte nachgewiesen werden, dass überhöhte Glutamatkonzentrationen im Gehirn neurotoxisch wirken und zum Absterben von Zellen führen können. Bei Menschen wird diskutiert, inwiefern Glutamat bei der Entstehung von Alzheimer und Parkinson beteiligt sein könnte. Menschen mit neurologischen Problemen wird daher zu einer Glutaminsupplementation nur unter ärztlicher Aufsicht geraten. Um grundsätzlich mögliche gesundheitliche Risiken zu vermeiden, wird eine Glutamingabe bis zu 20 Gramm täglich als Obergrenze empfohlen, wozu sich eine Supplementation zum Beispiel mit gut aufnehmbarem Glutaminpeptid oder freiem Glutamin (welches allerdings unter Hitze und in wässriger Lösung schnell zerfällt) empfiehlt.

Arginin für mehr Blutfluss.

Was, wenn durch eine AS eine Gefäßerweiterung hervorzurufen wäre? Und sich dadurch der Blutdruck senken ließe? Und diese AS außerdem eine Verklumpung des Blutes verhindern könnte und zusätzlich das Immunsystem stärken würde? Diese positiven Effekte sind durch Zufuhr der unter Wissenschaftlern als einzigartig bezeichneten semi-essenziellen AS Arginin belegt worden. In großen Mengen kommt sie, wie bereits erwähnt, in Keimlingen, zudem aber auch in Nüssen und Bohnen vor und wird zusätzlich im Stoffwechsel erwachsener Menschen selbst gebildet. Kinder verfügen nicht über die Fähigkeit zur Eigenproduktion. Für Kinder ist Arginin also essenziell.

Arginingehalt verschiedener Nahrungsmittel.

Nahrungsmittel jeweils 100 Gramm	Arginingehalt in Milligramm
Erdnüsse	3.460
Weizenkeime	2.250
Sojabohnen	2.200
Haselnüsse	2.030
Garnelen	1.740
Hammelfleisch, Filet	1.400
Huhn, Brustfleisch	1.350
Thunfisch	1.250
Haferflocken	870
1 Hühnerei, mittelgroß	450

Bei Erwachsenen kann jedoch aufgrund von Krankheiten (Bluthochdruck, Gefäßerkrankungen), Infekten, psychischem Stress oder starker körperlicher Belastung der Bedarf an Arginin die Eigenproduktion übersteigen. Daher ordnen immer mehr Wissenschaftler Arginin den unentbehrlichen AS zu. Arginin gilt seit längerer Zeit auch in Sportlerkreisen zur Infektbekämpfung oder zur besseren Stressbewältigung als hilfreich.

Eine der wichtigsten Funktionen von Arginin ist die Bildung von sogenanntem Stickstoffmonoxid (NO). Eine vermehrte NO-Bildung wirkt entspannend auf die Muskulatur der Gefäßwände und damit gefäßerweiternd und blutdrucksenkend. Durch die Gefäßerweiterung und den verbesserten Blutfluss erhöhen sich die maximale Sauerstoffaufnahmekapazität und die Leistungsfähigkeit. Zusätzlich sinkt das Risiko, an Arteriosklerose zu erkranken, da das Zusammenlagern von Blutplättchen (Thrombozytenaggregation) herabgesetzt und die Radikalbildung in den Blutgefäßen reduziert wird. Tatsächlich ist NO die wichtigste arteriosklerosehemmende Verbindung in unserem Körper. Arginin kann auch noch auf andere Weise einen positiven Beitrag zur Gesundheit leisten. Denn es gibt Hinweise darauf, dass sich eine Argininsupplementation positiv auf das Immunsystem auswirken kann. Ähnlich wie Glutamin beeinflusst Arginin die Anzahl und Aktivität der Lymphozyten im Blut. Laut Literatur kann eine Arginingabe im Falle einer Operation die Wahrscheinlichkeit einer postoperativen Infektion senken (Appleton 2002).

Ein spezifischer Arginineffekt konnte bereits mehrfach experimentell überprüft und bestätigt werden. Besonders Menschen, die unter Bluthochdruck oder anderen Herz-Kreislauf-Erkrankungen leiden, können von einer Arginingabe von circa drei bis neun Gramm am Tag profitieren (Campbell 2004, Huynh 2002, Miller 2006). Für Sportler mit einwandfrei funktionierendem Herz-Kreislauf-System ergeben sich diese Vorteile wohl leider nicht. Der Grund, warum auch Bodybuilder gerne diese AS supplementieren, liegt darin, dass Arginin die Ausschüttung von natürlichen Wachstumshormonen verstärkt (Campbell 2004, Paddon-Jones 2004). Die Untersuchungsergebnisse hierzu sind allerdings uneinheitlich, und positive Effekte auf Muskelaufbau und Kraftwerte scheinen nur durch hohe Dosen, die intravenös verabreicht wurden, erzielbar zu sein. Bislang konnten keine bedeutsamen Nebenwirkungen einer Argininsupplementation festgestellt werden. Es gibt allerdings Hinweise darauf, dass Menschen, die an einem Herpes leiden, auf eine Arginineinnahme verzichten sollten. Möglicherweise wird durch eine Supplementation der Ausbruch dieser Krankheit provoziert und/oder die Vermehrung der Herpesviren angeregt. Entsprechende kontrollierte Studien hierzu stehen noch aus, ebenso wie Langzeituntersuchungen zu möglichen gesundheitlichen Beeinträchtigungen durch eine dauerhafte Arginineinnahme (Appleton 2002).

Zusammenfassend: Arginin kann besonders bei Herz-Kreislauf-Erkrankungen, Infekten, nach Operationen und bei Bluthochdruck helfen, weil es gefäßerweiternd wirkt, das Immunsystem stabilisiert und Plaquebildungen an den Gefäßwänden reduziert. Typische Dosierungen liegen entweder bei ein bis drei Gramm am Tag (zum Beispiel bei Bluthochdruck) oder 7 bis 15 Gramm am Tag bei akuten Infekten oder zum Beispiel nach Operationen (Appleton 2002, Popovic 2007). Für die Erholungsfähigkeit des Körpers scheint zusätzlich eine weitere Verbindung, die aus AS hergestellt wird, relevant zu sein. Die Rede ist von Carnitin.

Carnitin für mehr Erholung.

Vermutlich wird einigen die Substanz Carnitin (oder auch L-Carnitin) von Werbeslogans zu Produkten bekannt sein, die angeblich beim Abnehmen helfen. Carnitin ist für die Fettverbrennung in den Zellen notwendig. Und da fast alles, was die Fettverbrennung begünstigen soll, sich hoher Beliebtheit erfreut, ist Carnitin besonders aus der Gesundheits- und Fitnessbranche nicht mehr wegzudenken. Aber hierzu später mehr.

Carnitin schleust wie eine Art »Transport-Taxi« langkettige Fettsäuren in die Kraftwerke der Zellen (Mitochondrien) ein und ist für eine optimal ablaufende Fettverbrennung unabdingbar. Kohlenhydratspeicher werden dadurch geschont, und eine Laktatbildung verzögert. Ein Carnitinmangel kann zu Energiemangelzuständen in den Mitochondrien und zu damit verbundenen Fehlfunktionen der Zelle führen. Besonders kritisch wirkt sich dieser Zustand auf die Herzmuskulatur aus, die üblicherweise circa 40 Prozent ihrer Energie aus Fettsäuren rekrutiert. Fehlt ausreichend Carnitin während einer kalorienreduzierten Diät, kann außerdem die Bereitstellung von Energie in den Zellkraftwerken reduziert sein. Auch die wichtige Neubildung von Glukose kann niedriger ausfallen, was zu ungewünschten Schwankungen des Blutglukosespiegels führt und sich in Hungerattacken äußern kann. Ein ausreichender Carnitinspiegel ist demnach gerade unter Bedingungen wie Hunger oder auch regelmäßiger Langzeitausdauerbelastung wichtig, um die Gewinnung von Energie aus Fettsäuren sicherzustellen und Leistungseinbrüche zu vermeiden.

Bis vor einigen Jahrzehnten wurde Carnitin noch als Vitamin BT klassifiziert. Es dauerte einige Zeit, bis man herausfand, dass diese Substanz im menschlichen Körper aus Eiweißbausteinen selbst hergestellt werden kann, sodass wir heute statt von einem Vitamin von einer vitaminähnlichen Verbindung sprechen. Der Löwenanteil des Carnitins, nämlich etwa 98 Prozent, wird naturgemäß in Geweben gespeichert, die einen hohen Grad an Fettverbrennung leisten, nämlich die Skelett- und Herzmuskulatur. Der Gesamtbestand im menschlichen Körper liegt bei einer 75 Kilogramm schweren Person bei etwa 20 Gramm. Carnitin ist an einigen wichtigen Prozessen im Stoffwechsel beteiligt. Interessant ist neben dem Mitwirken bei der Fettverbrennung unter anderem der Einfluss auf den Blutfluss und den damit verbundenen Sauerstofftransport.

Die hauptsächliche Zufuhr stammt aus der täglichen Nahrung. Besonders viel Carnitin ist in Wildfleisch enthalten. Schweine- und Geflügelfleisch liefern im Vergleich dazu deutlich weniger Carnitin. Die folgende Tabelle zeigt eine Übersicht.

Nahrungsmittel jeweils 100 Gramm	Carnitingehalt in Milligramm
Liebigs Fleischextrakt (Trockenmasse)	3.686
Hirschkalbsteak	193
Fleisch von Schaf und Ziege	44–190
Rindfleisch	45–143
Kalbfleisch	70–105
Austernpilz	53
deutsches Corned Beef	32
Ente	19–29
Muskelfleisch vom Schwein	14–27
Hummer	27
Putenkeule	13
Seelachsfilet	13
Hähnchen	6–8

Carnitingehalt verschiedener Nahrungsmittel, modifiziert nach Gustavsen (2000). Werte beziehen sich auf die Rohware.

Zu bedenken ist, dass die Fleischzubereitung durch Kochen oder auch durch Garen in der Mikrowelle bis zu 50-prozentige Carnitinverluste bedingt. Das hitzeinstabile Carnitin geht dabei zum Teil in das Kochwasser über. Eine tägliche Zufuhr von circa zwei Gramm über die Nahrung ist demnach kaum zu bewerkstelligen. Der Spitzenplatz in der Auflistung wird im Übrigen von einem Extrakt belegt, das der deutsche Chemiker Justus von Liebig bereits im 19. Jahrhundert entwickelte. Zur Herstellung eines Kilos dieses braunen, pastenartigen Extraktes sind etwa 30 Kilogramm Muskelfleisch notwendig. Verwendet wird Fleischextrakt dann zur Herstellung von Fleischbrühen oder Saucen. Bei Vegetariern wird erwartungsgemäß häufig eine deutlich geringere Konzentration an Carnitin im Blut festgestellt. Das deutet darauf hin, dass dem körpereigenen Aufbau Grenzen gesetzt sind. Um eine vollständige Eigenproduktion zu gewährleisten, sind zwei essenzielle AS (Lysin und Methionin) plus einige Vitamine und Spurenelemente nötig. Entsprechend ist im Falle eines Mangels an essenziellen AS und/oder an den Mikronährstoffen Vitamin C, Vitamin B_6, Niacin oder Eisen die Produktion mit hoher Wahrscheinlichkeit verringert. Dadurch kann es zu einer ungenügenden Carnitinbereitstellung kommen. Das kann sich zum Beispiel durch Müdigkeit und eingeschränkte Regeneration bemerkbar machen.

Sportler sollten immer auf die ausreichende Zufuhr der genannten AS, Vitamine und Mineralien achten, um eine ausreichende Carnitinproduktion sicherzustellen. Das gilt primär für Sportarten, bei denen der Fettstoffwechsel besonders gefordert ist – also vor allem im Ausdauersport. Das Risiko für eine ungenügende Carnitinproduktion erhöht sich im Ausdauersport (speziell bei Läufern) durch den oft mangelhaften Eisenstatus. Denn durch häufiges und dauerhaftes Laufen kann es durch den Aufprall der Füße auf dem Boden zu einer Zerstörung roter Blutkörperchen (Läuferhämolyse) kommen. Als Folge wird das frei gewordene eisenhaltige Hämoglobin ausgeschieden. Zusätzlich geht Eisen beim Sport auch vermehrt über den Schweiß verloren. Frauen haben bekanntlich einen weiterhin erhöhten Eisenverlust durch die Monatsblutung. Kommt zu diesen Bedingungen noch eine fleischarme und damit eisenarme Ernährung hinzu, ist nicht nur die Produktion roter Blutkörperchen, sondern auch die des Carnitins gefährdet.

Was tun? Erstens das Richtige essen. Der zweite Schritt könnte eine Carnitinsupplementation sein, die zur Verbesserung der carnitinabhängigen Stoffwechselprozesse führen kann.

Wegen seiner Bedeutung bei der Fettverbrennung und seines Einflusses auf den Blutfluss wird vermutet, dass die dadurch geförderte Sauerstoffanlieferung in den Muskel während und nach einer sportlichen Belastung die dadurch bedingte Bildung von freien Radikalen reduzieren kann und damit dem ... hen von Rissen in den Zellmembranen und dem Aufkommen von Mus... tgegenwirken kann. Eine Studie, an der zehn junge krafttrainie... eilnahmen, ergab deutliche Hinweise auf positive Effekte ... on auf die Regeneration (Volek 2002). Die Teilnehm... Kniebeugen mit 15 bis 20 Wiederholungen bei ... produzierten körperlichen Stress, der üb... bjektive Belastungsempfinden obie... insupplementation mit täglich ... gsfähigkeit (Volek 2002). Aus an... rnitin über das Herabsetzen des M... s eine größere Anzahl Hormonreze... tin womöglich die Effizienz von Hor... ren. Eine Carnitinsupplementation von ... on William Kraemer aus dem Jahr 2003 au... , welches verschiedene Wachstumshormone im ...). Insgesamt mehren sich also die Hinweise aus der ... positiv auf die Durchblutung und damit auf den An- und Ab... und die Stabilisierung der Zellmembranen auswirken könnte. Darau... eßen: Carnitin führt zu einem geringeren trainingsbedingten Muskelscha... er schnelleren Erholung!

Auch ein Zusammenhang zwischen Carnitin und Müdigkeit wird angenommen und könnte für Sportler interessant sein. Es gibt Berichte darüber, dass bei Personen mit chronischem Müdigkeitssyndrom erniedrigte Carnitinspiegel im Blut gemessen wurden. In einer Studie, in der die Patienten acht Wochen lang mit drei Gramm Carnitin versorgt wurden, konnten messbare Veränderungen der Krankheitssymptome festgestellt werden (Plioplys 1997).

Ein Blick in die Tabelle auf Seite 51 verdeutlicht, dass solche therapeutischen Dosen von täglich zwei bis drei Gramm Carnitin nicht durch normale Nahrung aufnehmbar sind.

Viel hilft viel!?

Während die Aufnahmefähigkeit von natürlichem Carnitin bei 54 bis 87 Prozent liegt, ist die Ausbeute durch oral zugeführte Supplemente sehr gering. Nur 5 bis 15 Prozent des verabreichten Carnitins gelangen letztendlich überhaupt in das Blut! Dort angekommen, kann aber selbst dieser geringe Rest den Carnitinblutspiegel immer noch um etwa 50 Prozent erhöhen. Allerdings gelangt nur wenig Carnitin in das Zellinnere, der Rest wird über die Nieren ausgefiltert und ausgeschieden. Es wird vermutet, dass eine Carnitinsupplementation deshalb positiv auf Muskelregeneration und Ermüdung wirkt, weil es auch im Raum außerhalb der Zelle tätig werden kann. Um den Carnitinbestand im Körper um acht Prozent anzureichern, ist daher eine circa zweiwöchige Supplementation mit täglich zwei Gramm nötig. Angesichts der meist hohen Preise für hochwertige Carnitinergänzungen ein teurer Spaß. Im Übrigen wird die körpereigene Produktion des Carnitins bei regelmäßiger Zufuhr nicht gehemmt.

Carnitin gleich Carnitin?

Auch bei Carnitinsupplementen gibt es erhebliche Unterschiede in Qualität und Wirkung. In einer amerikanischen Studie wurde festgestellt, dass in den zwölf für die Untersuchung bereitgestellten Carnitinergänzungen durchschnittlich gerade mal 52 Prozent der angegebenen Wirkstoffmenge enthalten war. Bei pharmazeutisch hergestellten Produkten gibt es eine höhere Zuverlässigkeit (Brass 2000). Mögliche Darreichungsformen für Carnitin sind Lutschtabletten, Pulver, Trinkampullen, Kautabletten oder als Zusatz in Fitnessmolkedrinks. Beim Kauf sollte auf möglichst 100 Prozent reines Carnitin geachtet werden, wie es zum Beispiel in den durch Mikroorganismen hergestellten Produkten (L-Carnipure) vorkommt. Häufig wird Carnitin mit einer Salzverbindung (Tartrat) angeboten. Bisher wird zu einer mindestens mehrwöchigen Einnahme von ein bis zwei Gramm Carnitin, verteilt auf zwei Dosen pro Tag, geraten. Um einen zuverlässigeren Transport in das Muskelgewebe zu erzielen, ist eine gleichzeitige Insulinstimulation von Vorteil. Konkret bedeutet das: Einfach Carnitin zu den Mahlzeiten, die ein paar Kohlenhydrate enthalten, einnehmen. Nebenwirkungen sind bei den aufgelisteten Mengenangaben bislang nicht bekannt. Individuellen Erfahrungsberichten einiger Sportler zufolge, ist bestenfalls anfänglich mit erhöhtem Schwitzen und Durchfall zu rechnen.

Mehr Carnitin – weniger Übergewicht?

Es stellt sich die Frage, ob eine über den eigentlichen Bedarf hinausgehende Carnitinzufuhr zum verstärkten Abbau von Fettpolstern nützlich ist. Da Carnitin seine Transportfunktion für Fettsäuren wiederholt wahrnehmen und die Kraftwerke der Zellen für diesen Prozess ausreichend versorgen kann, wirkt eine weitere Carnitinzufuhr nicht zusätzlich stimulierend auf die Fettsäureverbrennung. Viel entscheidender ist hierbei das Bereitstellen von Fettsäuren aus dem Fettgewebe, worauf Carnitin allerdings keinen Einfluss hat. Im Klartext bedeutet das: Eine Carnitinsupplementation ermöglicht keine schnellere Gewichtsreduktion! Und die Ausdauerleistung? Vereinzelt zeigen Studien zwar eine Erhöhung des im Ausdauersport bekannten Leistungsparameters VO_2max durch Carnitin, jedoch haben diese Untersuchungen aufgrund methodischer Probleme im Aufbau nur wenig Aussagekraft.

Kreatin für mehr Kraft.

Kreatin ist eine weitere natürliche Verbindung, der Leistungsförderung zugeschrieben wird und die in Sportlerkreisen entsprechend diskutiert wird. Eine Kreatinsupplementation ist sowohl im Freizeit- als auch im Leistungssport eine der bekanntesten und am häufigsten genutzten Ergänzungen. Daher lohnt sich ein genauer Blick auf die Bedeutung einer ausreichenden Versorgung.

Kreatin setzt sich aus den AS Gycin, Arginin und Methionin zusammen. Kreatin wird einerseits im Körper selbst produziert, andererseits können über die Nahrung zusätzlich durchaus nennenswerte Mengen aufgenommen werden. Der Theorie nach soll Kreatin die Muskel- und Schnellkraft erhöhen und sich zusätzlich positiv auf den Muskelaufbau auswirken, denn Kreatin kommt eine hohe Bedeutung im Energiegewinnungsprozess der Zelle zu. Die ersten paar Sekunden einer Muskelkontraktion werden im Muskel durch Spaltung energiereicher Phosphate (Adenosintriphosphat, kurz ATP, und Kreatinphosphat, kurz KP) sichergestellt. Nachdem die ATP-Reserven eines Muskels bereits nach circa dreisekündiger maximaler Belastung aufgebraucht sind, kommt KP zum Einsatz. Dieses Substrat liefert für weitere drei bis vier Sekunden maximale Muskelanspannung die notwendigen Phosphate zum Wiederaufbau des ATP. Interessant ist die Größe des KP-Speichers daher hauptsächlich für kurzfristige sportliche Belastungen. Das betrifft damit vor allem Schnellkraftsportler wie Sprinter, Hochspringer oder Schwimmer, aber auch Athleten aus Spielsportarten wie Basketball oder Fußballer.

1835 berichtete der französische Wissenschaftler Michel-Eugène Chevreul erstmals über Kreatin als einen Bestandteil von Fleisch. Tatsächlich ist Fleisch mit circa fünf Gramm pro Kilogramm eine sehr gute Kreatinquelle. Fisch, wie zum Beispiel Hering, kann pro Kilogramm sogar doppelt so viel Kreatin liefern. Nur minimale Mengen werden durch pflanzliche Nahrung bereit gestellt. Im Falle einer üblichen Mischkost, die auch Fleisch und Fisch enthält, wird pro Tag circa ein Gramm Kreatin über die Nahrung zugeführt und circa ein Gramm durch den körpereigenen Aufbau in Niere, Leber und Bauchspeicheldrüse geliefert. Die Niere ist auch an der Ausscheidung des Kreatinabbauproduktes Kreatinin beteiligt. Dieses muss letztlich über den Harn aus dem Stoffwechsel entfernt werden. Die Messung des Kreatininspiegels gibt Medizinern übrigens Aufschluss über die Nierenfunktion.

Einige wissenschaftliche Untersuchungen stützen die These der kurzfristigen kraftsteigernden und körpergewichtssteigernden Effekte einer hohen Kreatinzufuhr (Bemben 2001, Izquierdo 2002, Rawson 2003). Kreatin als Nahrungsergänzung ist legal. Bei den Untersuchungen wurde mit Kreatinsupplementen gearbeitet. Die Zunahme des Körpergewichtes ist dabei zu einem Großteil auf die kreatinbedingte Wassereinlagerung zurückzuführen. Vermutlich ist eine Stimulation der Muskelglykogeneinspeicherung für das erhöhte Wasservolumen in der Zelle verantwortlich. Dabei kommt einer Gewichtszunahme je nach Sportart sicher unterschiedliche Bedeutung zu. Doch nicht nur Wassereinlagerungen erhöhen das Körpergewicht während einer Kreatineinnahme. Einige Untersuchungen lassen auch auf eine Erhöhung der fettfreien Körpermasse schließen. Dieser Muskelzuwachs ist zum einen durch kreatinverursachte Kraftsteigerungen, die höhere Trainingsgewichte und damit verstärkte Reizsetzung auf die Muskulatur zulassen, zu erklären. Zum anderen erklären sich viele Forscher den muskelaufbauenden Effekt durch eine positive Beeinflussung des Proteinstoffwechsels in der Muskelzelle durch Kreatin.

> ### Responder/Nonresponder
>
> Menschen, die auf eine medizinische Behandlung oder Ähnliches wie erwartet reagieren beziehungsweise nicht reagieren. Bei Nonresponder können zum Beispiel erhoffte Effekte einer Supplementation ausbleiben.

Bei amerikanischen College-Football-Spielern der NCAA konnte beispielsweise eine Verbesserung der Beinkraft und Erhöhung der Muskelmasse durch eine neunwöchige Kreatinsupplementation in Kombination mit viermal pro Woche durchgeführtem Krafttraining festgestellt werden (Bemben 2001). Positive Resultate wurden auch bei trainierten Handballspielern im Hinblick auf 15-Meter-Sprintzeiten, Sprung- und Beinkraft gemessen (Izquierdo 2002). Die Oberkörperkraft blieb hierbei interessanterweise unverändert. Offen bleibt in beiden Fällen, inwiefern sich die Kraft- und Schnellkraftzuwächse auch auf die Leistung auf dem Spielfeld überträgt. Zwei US-amerikanische Forscher berichten in einer Übersichtsarbeit, dass in 17 von 22 Untersuchungen kraftsteigernde Effekte durch Kreatin zu beobachten waren (Volek & Rawson 2004). Die durchschnittliche Erhöhung der Maximalkraft im Vergleich zu den Placebogruppen lag bei acht Prozent. Dabei ist auffällig, dass sich in manchen Fällen die Kraftsteigerungen besonders in der initialen Ladephase des Kreatins ergaben und in keinem Zusammenhang mit dem Training zu sehen waren. Das bedeutet: Bei einigen Probanden trug nur die Erhöhung des KP-Speichers bereits zur Steigerung der Kraftwerte bei.

Diese Ladephase sieht üblicherweise eine tägliche Zufuhr von 20 Gramm (oder 0,3 Gramm Kreatin pro Kilogramm Körpergewicht) über einen Zeitraum von fünf Tagen vor. Dabei wird die Gesamtmenge auf zum Beispiel viermal täglich fünf Gramm verteilt. Wurden auf diesem Wege die KP-Speicher um etwa 20 bis 30 Prozent aufgeladen, würde eine weitere derart hohe Zufuhr nur zur verstärkten Ausscheidung des Kreatins beitragen. Gesichert ist, dass der höchste Anstieg des KP-Levels innerhalb der ersten zwei Tage einer Supplementation erfolgt. Die Einnahme höherer Mengen im Anschluss an die ein- bis zweitägige Ladephase bringt keine weiteren Vorteile (Harris 1992).

Für die Supplementation empfohlen ist daher eine Erhaltungsphase mit circa zwei bis fünf Gramm pro Tag (oder 0,03 Gramm pro Kilogramm Körpergewicht) über die gewünschte restliche Einnahmedauer. Eine andere Möglichkeit ist die tägliche Aufnahme von nur drei Gramm Kreatin ohne Aufladephase. Nach dieser Methode werden bis zur individuellen Höchstgrenze erhöhte Kreatinspiegel im Muskel erreicht (Nebel 2002).

Wie groß die Kraftsteigerung ausfällt, darin ist man sich in der Forschungsliteratur uneinig: Besonders bei Frauen scheint eine Kreatinsupplementation oft weniger effektiv zu sein, was experimentell schon mehrfach bestätigt wurde (Ayoama 2003, Chilibeck 2004). Eine zehnwöchige Studie mit krafttrainingserfahrenen Frauen zeigte sogar überhaupt keine positiven Effekte (Ferguson 2006). Diese sogenannten Nonresponder zeigen, dass die durch Kreatin erhofften Zuwächse in Kraft und Muskelmasse sehr individuell ablaufen. Der Anteil an Nonrespondern wird auf 30 Prozent geschätzt. Bei Nonrespondern ist möglicherweise die Speicherkapazität der Muskulatur begrenzt oder die Fähigkeit zur Kreatinaufnahme in den Muskel beschränkt.

Wie sieht es mit Nebenwirkungen aus? Immer wieder wird von Kritikern darauf hinge-wiesen, dass eine längerfristige Einnahme von Kreatin über mehrere Wochen bis hin zu Monaten zu einer Verringerung der Kreatintransportsysteme führen kann. Diese Down-Regulation ist zumindest bei einer Menge von 0,1 bis 0,2 Gramm Kreatin pro Kilogramm Körpergewicht über zwei Monate nicht beobachtet worden. Kurzfristig kann es zwar zu einer geringeren körpereigenen Produktion kommen. Diese ist jedoch reversibel. Und auch Langzeituntersuchungen an der Universität in Brüssel zeigen keine gesundheit-lichen Beeinträchtigungen (in diesem Fall der Nieren) selbst bei bis zu fünfjähriger regelmäßiger Kreatineinnahme (Poortmans 1999).

Genauso wenig haben sich bislang die Befürchtungen um einen drohenden Leberscha-den bestätigt. Für eine langfristige Einnahme bestehen daher aus wissenschaftlicher Sicht bislang keine Bedenken.

Wichtig zu wissen: Circa vier Wochen nach Beendigung einer Supplementation hat sich der Kreatingehalt der Muskelzelle wieder auf den Ausgangswert eingependelt.

Trotz medizinischer Unbedenklichkeit existieren Erfahrungsberichte von Athleten, die auf eine Kreatineinnahme mit Bauchschmerzen und Übelkeit reagierten. Andere wie-derum scheinen Kreatin sehr gut zu vertragen. Die Behauptungen, Kreatin würde die Nieren schädigen, sind bislang wie gesagt nicht wissenschaftlich belegt worden. Es gibt auch einzelne Berichte von Sportlern, die von einer außergewöhnlichen Muskel-spannung mit Neigung zu Krämpfen und Muskelfaserverletzungen berichten. Beson-ders häufig scheint dies in Zusammenhang mit der Ladephase zu stehen, bei welcher der KP-Speicher schnell erhöht wird. Berichten von Sprintern zufolge, hat eine solche Erhöhung der Muskelspannung in der Vergangenheit bereits zu dem einen oder ande-ren Muskelfaserriss geführt. Athleten, die auf Kreatin sehr gut reagieren, ist daher die bereits beschriebene Einnahme ohne Ladephase zu empfehlen, um das Risiko eines zu schnellen Anstiegs der Muskelspannung zu umgehen. Allerdings kommen andere Ath-leten bezüglich der Muskelspannung womöglich zu einem ganz anderen Urteil. Unter anderem in einer Studie an amerikanischen College-Football-Spielern während der Trainings- und Wettkampfphase konnte ein erhöhtes Verletzungsrisiko durch Kreatin nicht nachgewiesen werden (Greenwood 2003). Die Häufigkeit von Krämpfen und Ver-letzungen wurde bei den meisten Spielern durch das Supplement sogar herabgesetzt! Und dass es sich auch als Sprinter lohnen kann, eine Kreatinsupplementation durchzu-führen, zeigt eine norwegische Studie: Die männlichen Probanden verbesserten durch Kreatin ihre Sprintzeit innerhalb des Untersuchungszeitraumes immerhin von durch-schnittlich 11,68 Sekunden auf 11,59 Sekunden (Skare 2001)!

Im Ausdauersport ist diese Nahrungsergänzung eher uninteressant. Entsprechende Studien zeigen keine positiven Effekte auf die aerobe Leistung (Chilibeck 2007).

Name:	Ole Rückbrodt
Sportart:	Rudern
Größte Erfolge:	mehrfacher Deutscher Meister, Weltmeister im Leichtgewichtszweier ohne Steuermann (2006), Vizeweltmeister im Leichtgewichtsachter (2007)
Alter:	26 Jahre

Mit Kreatin Richtung Schwergewichtsklasse.

Bislang ruderte ich immer in der Leichtgewichtsklasse. Jetzt möchte ich allerdings in die Schwergewichtsklasse wechseln und muss dafür innerhalb von zwei Jahren knapp 15 Kilogramm Gewicht zulegen. Zwar ist der Zeitraum für eine solche Gewichtszunahme relativ lang, allerdings sollten die zugelegten Kilos auch zu einem hohen Anteil aus Muskelmasse bestehen. Um dieses ehrgeizige Ziel zu erreichen, ist eine angepasste Ernährung nötig. Da ich auf diesem Gebiet kein Experte bin, habe ich mir hierzu professionellen Rat eingeholt. Meine Ernährung habe ich mittlerweile erfolgreich umgestellt und esse seitdem mehr Eiweiß, um den Muskelaufbau zu unterstützen. Daher gibt es bei mir nach dem Training zum Beispiel 500 Gramm Quark mit Früchten oder gesüßt mit Honig. Die Umstellung auf mehr Eiweiß war eigentlich ganz einfach. Ich muss nur darauf achten, ausreichend zu organisieren und mir bereits morgens überlegen, was ich nach dem Training essen will.

Als weitere Maßnahme zum zügigen Aufbau von Muskelmasse habe ich erstmalig zusätzlich zu meiner normalen Ernährung Kreatin verwendet. Täglich nahm ich vier bis fünf Gramm zu den Mahlzeiten ein. Während der Einnahme zeigten sich keinerlei Nebenwirkungen, jedoch deutliche Kraftsteigerungen. In meinen vier Basisübungen Bankdrücken, Überzüge, Kniebeuge und Bicepscurls konnte ich enorme Verbesserungen in der Maximalkraft erzielen.

Übung	maximales Gewicht bei 1 Wiederholung im September 2008	maximales Gewicht bei 1 Wiederholung im Februar 2009	Kraftsteigerung
Bankdrücken	69 kg	95 kg	37,7 %
Überzüge	35 kg	52 kg	48,6 %
Kniebeuge	141 kg	155 kg	10,0 %
Bicepscurls	21 kg	30 kg	42,9 %

Naturgemäß ist ein Teil der Kraftsteigerung auf das Training selbst zurückzuführen. Allerdings bemerke ich im Vergleich zu zurückliegenden Vorbereitungsphasen, dass die Kraftsteigerungen durch die Kreatinzufuhr schneller und höher ausfallen als durch Training alleine. Der einzige Nachteil, von dem ich im Zusammenhang mit Kreatin berichten kann, sind Muskelschmerzen, die nach Absetzen des Supplementes vorübergehend auftraten. Insgesamt habe ich knapp fünf Monate Kreatin eingenommen und alles in allem war die Ergänzung erfolgreich. Ich bin gespannt, in welchem Umfang ich meine Kraftwerte bei einer weiteren Einnahme steigern kann.

Und ab in die Muskeln!

Da Kreatin insulinabhängig in die Muskelzelle eingeschleust wird, ist bei der Einnahme innerhalb der Ladephase die zeitgleiche Insulinstimulation durch ein paar Gramm Kohlenhydrate sinnvoll. Die notwendige Menge an Kohlenhydraten ist dabei recht gering. Üblicherweise wird eine Portion Kreatinpulver (möglichst als reines Kreatinmonohydrat) zum Beispiel in einem Glas Traubensaft eingerührt, um einen ausreichenden Effekt zu erzielen. Auch hier gilt wie bei den Proteinen: Je näher die Kreatineinnahme an einer Trainingseinheit (davor oder unmittelbar danach), umso höher die Ausnutzung. Viel versprechen sich einige Konsumenten von dem seit einiger Zeit auf dem Markt existierenden Kre-Alkalyn. Diese gepufferte Kreatinform soll zu einer geringeren Umwandlung des unerwünschten Kreatinins im Stoffwechsel beitragen. Allerdings wurde 2007 auf einem Kongress der International Society of Sports Nutrition ein Bericht vorgelegt, der sogar eine um 35 Prozent höhere Umwandlung des Kre-Alkalyns in Kreatinin, im Vergleich zu reinem Monohydrat, belegt. Statt geringer fällt laut diesem Bericht die Kreatininausscheidung bei Zuführung von Kre-Alkalyn also sogar höher aus.

Das Fazit zu Kreatin: Hält man sich an das richtige Einnahmeschema, ist Kreatin eine Substanz, die recht zuverlässig zu Steigerungen der Kraftwerte und zur Erhöhung der Muskelmasse beitragen kann. Vorsicht ist allerdings bei verletzungsanfälligen Sportlern geboten, die Kreatin nur in geringen Mengen und/oder ohne Ladephase anwenden sollten.

Aminosäuren für mehr Schutz vor Verletzungen.

Eine der größten Sorgen von ambitionierten Sportlern ist es, sich zu verletzen und damit gezwungenermaßen eine Trainingspause einlegen zu müssen. Besonders diejenigen, die täglich einmal oder sogar mehrmals trainieren, sind gefährdet. In einer Studie, die an der australischen Queensland Academy of Sport durchgeführt wurde, kam heraus, dass 67 Prozent der Sportler innerhalb eines Jahres mindestens einmal und immerhin 17 Prozent zweimal oder häufiger verletzt waren (Galambos 2005)! Betrachtet wurden hier über 800 Sportler aus den Sportarten Leichtathletik, Basketball, Beachvolleyball, Kanu, Kricket, Rennradfahren, Golf, Turnen, Hockey, Netball, Rugby, Fußball, Softball, Schwimmen, Tennis, Triathlon und Wasserpolo. Häufig kommen in diesen Sportarten Verletzungen des Muskelapparates vor. Das führt zu einem erhöhten Energie- und Proteinbedarf, der für die Zellerneuerung nötig ist.

Eine AS-Mangelversorgung kann nicht nur den Heilungsprozess verlängern, sondern auch die Verletzungsanfälligkeit im Vorfeld erhöhen. Dazu muss man wissen, AS sind ein elementarer Bestandteil vom Bindegewebe der Kapseln, Bänder, Sehnen und Knorpel. Untersuchungen an Breiten- und Leistungssportlern haben deutliche Defizite bei den für das Bindegewebe notwendigen AS offenbart. Damit kann es zu unzureichenden Umbau- und Erneuerungsmaßnahmen in den genannten Strukturen kommen, und Verletzungen werden wahrscheinlicher. Je höher der Trainingsumfang, desto höher das Risiko für einen Mangel an wichtigen Aminosäuren. Und sowohl an entbehrlichen als auch unentbehrlichen AS.

Im ungünstigsten Fall werden dann sogar AS aus dem Muskelgewebe herangezogen, um die Neubildung von Zellen, Hormonen oder Enzymen sicherzustellen! Dieser Prozess kann zu Verlusten an Muskelmasse und -kraft führen und die Verletzungsanfälligkeit weiter steigern. Besonders häufig passiert dies, wenn zusätzlich eine Gewichtsreduktion durchgeführt wird und mit der eingeschränkten Nahrungszufuhr ein Nährstoffdefizit eintritt. Eine Erhöhung des Proteinanteils in der Nahrung schont und erhält die Muskelmasse und bietet dementsprechend Vorteile bei der Vorbeugung und Regeneration von Verletzungen. Dabei scheint eine moderate Überversorgung weniger problematisch zu sein als eine moderate Unterversorgung. Soll heißen: Im Zweifel lieber etwas mehr Eiweiß als zu wenig. Dr. Lonnie Lowery, Physiologe und ehemaliger Wettkampfbodybuilder, kommt in einer seiner Publikationen aus dem Jahr 2006 zu dem Urteil: »Protein und ausgewählte Aminosäuren bieten eine mögliche Abhilfe gegen die Effekte eines Übertrainings und mangelnder Leistungsfähigkeit.« Dass der Proteinbedarf bei Sportlern erhöht ist, lässt sich auch dem Positionspapier der International Society of Sport Nutrition (2007) entnehmen. Hier wird die Menge an notwendigem Protein für Sportler bei 1,4 bis 2,0 Gramm pro Kilogramm Körpergewicht angesetzt, in etwa doppelt so hoch, wie von einigen anderen Ernährungsfachgesellschaften auch für Sportler empfohlen wird.

In einer Stichprobe von über 380 jungen Männern konnte ein Proteinsupplement (das allerdings auch ein paar Gramm an Kohlenhydrate enthielt) im Anschluss an ein Training, im Vergleich zu einem Supplement ohne Protein beziehungsweise einer Placebogabe, zu deutlichen gesundheitlichen Verbesserungen führen: Bei der Proteingruppe wurden erheblich weniger (33 Prozent) Arztbesuche nötig, es traten geringere (37 Prozent) orthopädische Probleme ein und reduzierte Muskelschmerzen nach dem Training (Flakoll 2004). Auch aus anderen Berichten geht hervor, dass bereits geringe AS-Mengen (zwölf Gramm), unmittelbar nach dem Training eingenommen, Vorteile in der AS-Bilanz bieten (Borsherim 2002).

Den Ergebnissen anderer Untersuchungen ist allerdings zu entnehmen, dass Mengen von unter 20 Gramm zu keinen wesentlichen Effekten führen. In einer umfassenden Studie des Kompetenzzentrums für Gesundheit und Fitness in Deutschland wurden den Sportlern sogar bis zu 60 Gramm AS pro Tag verabreicht. Erste Effekte wurden bereits durch zehn Gramm AS vor und 20 Gramm nach dem Training erzielt. Untersucht wurde hier die Verletzungsanfälligkeit von Handball-, Fußball- und Ausdauersportlern aus dem Freizeit- und Profibereich (Wienecke 2009). Auffällig hierbei: Ein Großteil der Sportler wies trotz ausgewogener Ernährung starke Defizite in der AS-Versorgung auf. Nach individueller Supplementierung eines AS-Produkts, konnte das Verletzungsrisiko bei Ausdauersportlern mit einem Trainingsumfang von mehr als zehn Stunden pro Woche von 65 Prozent auf 5 Prozent gesenkt werden! Auch das Verletzungsrisiko von leistungsorientierten Freizeitsportlern im Handball konnte von 60 auf 8 Prozent gesenkt werden. Gemeint sind hierbei stets Verletzungen ohne Gegenspielereinwirkung (Wienecke 2009).

Wichtig scheint zumindest im Bereich des Leistungssports der Konsum eines hochwertigen AS-Supplementes, das kurzkettige, aus tierischen Proteinen gewonnene AS-Ketten (sogenannte Eiweißhydrolysate), anstelle von kompletten Proteinen enthält. Die Aufnahmegeschwindigkeit und damit die Anhäufung der AS im Blut werden dadurch optimiert. Auf diese Weise lassen sich größere Effekte im Gewebe erzielen. Dieser Effekt lässt sich mit Eiweiß aus der Nahrung nicht erzielen, denn in Nahrungsmitteln kommen stets komplette Proteine vor. Diese müssen, wie bereits ausgeführt, durch Verdauungsprozesse erst in kurze AS-Ketten und einzelne AS abgebaut werden, womit die Aufnahmegeschwindigkeit der von Hydrolysaten unterlegen ist.

Ein ausgewogener Aminosäurenhaushalt reduziert
das Verletzungsrisiko ohne Fremdeinwirkung deutlich.

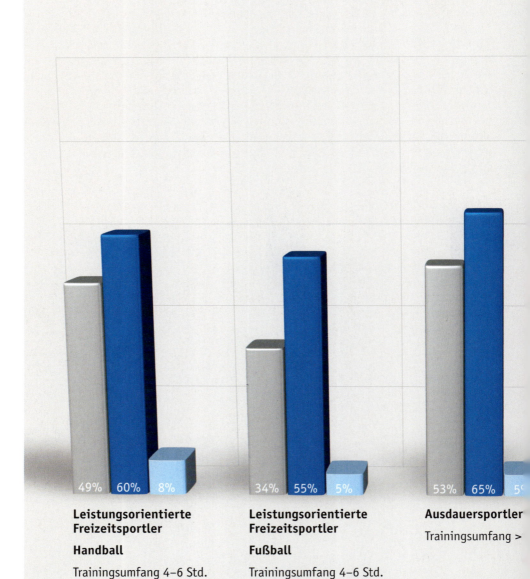

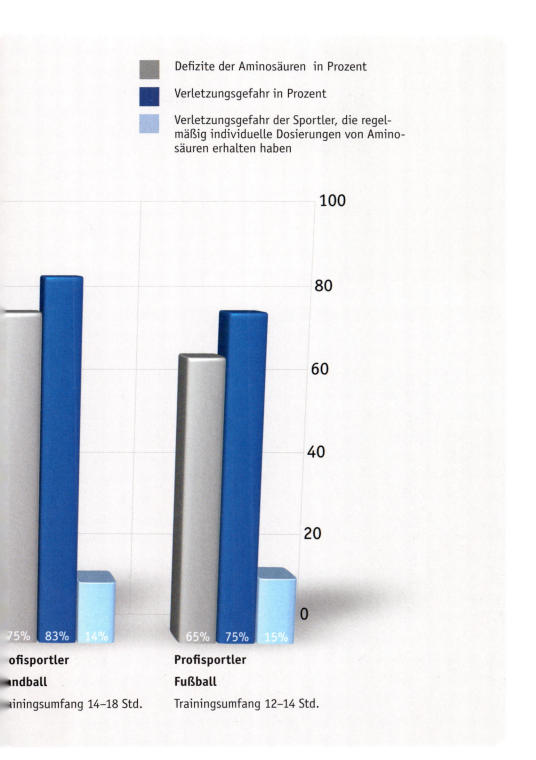

Wienecke E. (2009). Optimale Versorgung. Aminosäuren, der Garant für Leistung und Schutz vor Verletzungen. Medical Sports Network; 01:20-22.

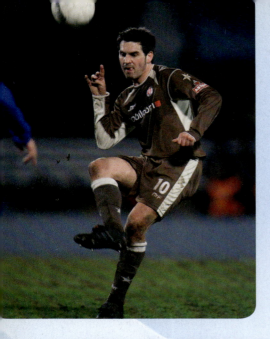

Name: Thomas Meggle
Sportart: Fußball (FC St. Pauli)
Alter: 33 Jahre

Proteine brachten mich schnell wieder aufs Spielfeld.

Nach meinem Kreuzbandriss hatte ich einige Probleme. Zum einen musste ich möglichst schnell wieder fit werden, um in das Mannschaftstraining einsteigen zu können, und zum anderen musste ich das ein oder andere angehäufte Kilo überschüssigen Körperfettes wieder loswerden, das die Zwangspause hinterlassen hatte. Mein Trainer hat mir daher eine Ernährungsberatung bei Heike Lemberger empfohlen. Im Vergleich zu früheren Zeiten gibt es heute im Profi-Fußball umfangreiche Angebote für Spieler, sich in Beratungen individuelle Tipps zum Thema Ernährung zu holen. In meinem Ernährungscoaching wurde mir dann zu einer proteinbetonten und kohlenhydratreduzierten Kost geraten, um meine Kilos leichter verlieren und meine Regenerationszeit verkürzen zu können. Zu meinem Erstaunen stellte ich fest, dass ich ohnehin seit einiger Zeit größtenteils nach den Low-Carb-Prinzipien esse. Denn große Eiweißportionen finden sich bei mir recht häufig auf dem Teller. Durch die Beratung erfuhr ich allerdings die genauen Hintergründe, warum eine Umstellung auf mehr Proteine tatsächlich sinnvoll ist. Seither schenke ich vor allem dem Timing der Nahrungsaufnahme mehr Aufmerksamkeit. Vor dem Training esse ich nun einen Energieriegel mit etwas Eiweiß kombiniert, und nach dem Training achte ich ebenfalls auf eine Kombination von Kohlenhydraten und Proteinen, um die Energiespeicher zügig zu füllen und die Regeneration einzuleiten. Alle weiteren Zwischenmahlzeiten sowie das Abendessen gestalte ich nahezu kohlenhydratfrei. Und an trainingsfreien Tagen ernähre ich mich komplett nach LOGI. Diese Umstellung fiel mir relativ leicht, da ich von meiner Frau wertvolle Unterstützung erhielt. Sie hat die Ernährungsumstellung einfach mitgemacht, und so können wir uns dabei gegenseitig motivieren. Die gelegentliche Lust auf Knabbereien haben wir mit Erfolg gestillt. Statt Chips und Flips knabbern wir jetzt einfach Nüsse! Ich habe seither knapp drei Kilo Gewicht verloren und fühle deutliche Vorteile in meiner Regenerationsfähigkeit. Trotz erst kürzlich zurückliegender Verletzung kann ich im Training mit meinen Mitspielern gut mithalten und habe auch ohne viele Kohlenhydrate beim täglichen Training deutlich mehr Power.

Übrigens mein Lieblingsrezept ist »Quark à la Heike«:

250 Gramm Quark mit 20 Prozent Fettanteil, 1 Esslöffel Honig, 100 Milliliter Milch, circa 200 Gramm Früchte (frische oder tiefgekühlte Erdbeeren oder Himbeeren).

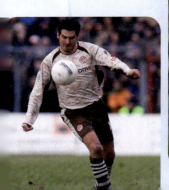

Woran erkennt ein Sportler ein gutes Proteinsupplement?

Kaum ein Fitnessclub kommt heute ohne ein umfangreiches Angebot an Eiweißshakes aus. Die bunte Palette reicht hierbei von klassischer Vanille und Schokolade bis hin zu ausgefalleneren Geschmacksrichtungen wie Stracciatella, Citrus-Quark oder Buttermilch-Papaya.

Als Grundlage vieler Eiweißprodukte (die meist als Pulver zur Herstellung eines Shakes vorliegen) wird in vielen Fällen ein Milchprotein (Kasein) als Basis verwendet. Zwar hat diese Eiweißquelle einen augenscheinlichen Nachteil: In Untersuchungen konnte nachgewiesen werden, dass Kasein zum Beispiel im Vergleich zu Laktalbumin (Molkenprotein) relativ schwer verdaulich ist. Allerdings führt dies zu einer langsameren und gleichmäßigeren Aufnahme von AS ins Blut und ins Gewebe. Der PDCAAS-Wert beider Quellen ist gleich, allerdings gibt die biologische Wertigkeit einen höheren Wert für Molkenprotein an. Weiterhin ist wichtig: Der Proteinabbau im Gewebe fällt nach Kaseineinnahme geringer aus. Offensichtlich wird ein Teil des Molkenproteins, welches nach Verzehr sehr rasch den AS-Pool im Blut ansteigen lässt, zur Energiegewinnung herangezogen. Der Vorteil der besseren Verdaulichkeit und schnelleren Aufnahme von Laktalbumin wird damit zum Teil zunichte gemacht.

Es konnten unter anderem in einer Untersuchung an 38 übergewichtigen amerikanischen Police Officers durch ein Kaseinprodukt in Kombination mit Krafttraining höhere Anstiege der fettfreien Masse und Kraftwerte im Vergleich zu einem Laktalbuminprodukt (oder auch Whey-Produkt genannt) festgestellt werden (Demling 2000). Verwendet wurden sogenannte Kasein- und Laktalbuminhydrolysate. Hierbei werden die Proteine zum Beispiel durch Enzyme so weit bearbeitet und die Kettenlängen der AS derart verkürzt, dass ein sehr schneller Einstrom der Aminosäuren ins Blut bewirkt wird. Da die längere Magenverweildauer des Kaseins aus handelsüblicher Frisch- oder H-Milch den zügigen AS-Einstrom aus dem Molkenproteinabbau bremsen würde, sollte ein solcher Eiweißshake mit Wasser anstelle von Milch zubereitet werden.

Langsamer in der Aufnahme, dafür aber ebenfalls mit hoher BW versehen, ist das Protein aus dem Ei (Eialbumin). Gewonnen entweder aus dem Vollei (BW = 100) oder dem Eiklar (BW = 88), werden Eialbuminsupplemente gerne bei Problemen mit Milchzucker (der Shake wird dann natürlich mit Wasser statt Milch angerührt) oder ungewünschten Wassereinlagerungen eingesetzt. Die Reduktion überschüssigen Gewebswassers durch Eiproteinprodukte ist mit dem Fehlen jeglicher Form wasserbindender Kohlenhydrate (wie zum Beispiel Laktose bei Milchproteinprodukten) zu erklären. Sollten Sie zukünftig Eialbuminprodukte als Supplement verwenden wollen, so seien Sie an dieser Stelle vorgewarnt: Der Geschmack des getrockneten Eiproteins könnte ausgesprochen gewöhnungsbedürftig sein ...

Eine weitere Option bieten Produkte auf Sojaproteinbasis. Gerade bei Vegetariern steht diese pflanzliche Eiweißvariante hoch im Kurs. Zügige Aufnahme im Verdauungstrakt im Vergleich zu Kasein ist eines der Pro-Argumente. Außerdem stellt Sojaeiweiß eine gute Alternative bei Milchzuckerunverträglichkeit dar. Die gute BW von 85 spricht ebenso für den Gebrauch. Der hohe Gehalt an Phytoöstrogenen ist allerdings umstritten und auch kritisch zu beurteilen. Diese sekundären Pflanzeninhaltsstoffe können an den Östrogenrezeptoren gebunden werden und östrogene Wirkungen erzielen. Zum Beispiel mindere Spermienqualität! In einer Studie, in der 18 Männer im Alter von 25 bis 47 Jahren vier Wochen lang ein Sojaproteinsupplement einnahmen, konnten leicht erniedrigte Testosteronwerte festgestellt werden (Goodin 2007). Dieser Effekt wurde auch bei japanischen Männern mit hohem Verzehr an Sojaprotein beobachtet (Nagata 2000). Ein Sojaproteinsupplement ist daher besonders bei Männern, die Muskelaufbautraining betreiben, verständlicherweise unbeliebt. Inwiefern ein solches Produkt langfristig Einfluss auf den Stoffwechsel bei Gesunden nimmt, ist bislang allerdings unklar. Ein weiterer Nachteil des Sojaproteins ist der geringe Anteil einer bestimmten essenziellen schwefelhaltigen AS: Methionin. Diese AS nimmt in regenerativen und antioxydativen Prozessen im menschlichen Stoffwechsel eine entscheidende Rolle ein. Eine überwiegende Supplementation mit methioninarmen Eiweißquellen wie Soja wird daher als ungünstig angesehen.

Andererseits wird diskutiert, ob der rege Sojakonsum asiatischer Frauen deren geringeres Brustkrebsrisiko im Vergleich zu Nichtasiatinnen teilweise erklären kann. Zumindest konnte in einer fünfjährigen Beobachtung von mehr als 35.000 Asiatinnen in der Singapore Chinese Health Study ein um 18 Prozent reduziertes Auftreten von Brustkrebs bei den Frauen festgestellt werden, die regelmäßig Soja aßen (Wu 2008).

Natürlich lassen sich auch Proteine unterschiedlicher Herkunft zu einem Mehrkomponenteneiweiß mischen. Solche Produkte enthalten zum Beispiel Milch-, Molken- und Eiproteine. Diese Supplemente weisen durch die Ergänzungswirkung eine hohe BW auf. Viele Sportler sind mit einem Mehrkomponenteneiweiß sehr zufrieden. Allerdings wird bei der beschriebenen Proteinkombination die zügige Verdauung des Molkenproteins verlangsamt. Häufig werden Mehrkomponenteneiweißprodukte, vor allem, wenn sie zum Beispiel Weizeneiweiß enthalten, kostengünstig hergestellt. Als problematisch kann sich dabei das im Mehlkörper des Weizens enthaltene Getreideklebereiweiß (Gluten) herausstellen. Hohe und regelmäßige Zufuhr von Gluten kann bei empfindlichen Menschen zu Blähungen, Bauchschmerzen oder Durchfall führen. Bei dieser häufig genetisch bedingten Glutenunverträglichkeit sind Schädigungen der Dünndarmschleimhaut durch chronische Entzündungen möglich (Zöliakie).

Mit weiteren pflanzlichen Proteinen aus Mais, Erbsen, Kartoffeln oder Reis werden zum Teil Neun-Komponenteneiweiß-Supplemente (9K) auf den Markt gebracht. Allerdings enthalten sie im Regelfall eine ähnliche, wenn nicht sogar geringere BW als das schon beschriebene Drei-Komponenteneiweiß (3K). Sind in der Produktbeschreibung von Eiweißsupplementen Zahlen wie 80 oder 90 zu finden, geben diese Aufschluss über den Prozentsatz an Eiweiß in 100 Gramm Pulver. Wer auf 100 Gramm Pulver möglichst viel Protein erhalten möchte, für den ist eine Orientierung an diesen Werten sinnvoll. Ein weiterer Vorteil, den ein Eiweißshake als Nahrungsergänzung bietet – so wird jedenfalls häufig argumentiert – ist das Fehlen von manch »unerwünschtem« Begleitstoff im Vergleich zu anderen Eiweißquellen. Wer Fett oder fettähnliche Begleitstoffe wie zum Beispiel Purine vermeiden, aber trotzdem seine Proteinzufuhr erhöhen möchte, der kann ebenfalls zu einem Proteinsupplement greifen.

Allerdings sollte an dieser Stelle bedacht werden: Um den Geschmack der meisten Eiweißshakes akzeptabel zu gestalten, werden in vielen Fällen Aroma- und Geschmacksstoffe sowie Süßstoffe eingesetzt. Die Problematik von Süßstoffen (im speziellen Aspartam) habe ich bereits in meinem Buch »Das Kohlenhydratkartell« ausführlich dargelegt (Opoku-Afari 2008). Für diejenigen, die auf Süßstoffe oder andere geschmacksverändernde Bestandteile verzichten möchten, lohnt sich ein genauer Blick auf die Zutatenliste des Produktes.

Die Zeit läuft!

Auch beim Thema Proteinzufuhr entscheidet sich einiges am Timing! Es gilt, den richtigen Zeitpunkt für die Zufuhr eines Eiweißshakes herauszufinden, damit der Muskelproteinaufbau optimal stimuliert wird. Im Hinblick auf den Muskelaufbau ist der optimale Zeitpunkt der Proteinzufuhr enorm wichtig. Deshalb legen vor allem Muskelaufbaufans viel Wert auf eine ordentliche Portion Eiweiß gerade nach dem Training. Hierzu ein paar gesicherte Erkenntnisse der letzten Jahre:

Körperliches Training optimiert deutlich die Ausnutzung von AS. Daher ist es tatsächlich von großem Vorteil, wenn AS unmittelbar nach einem Training zur Verfügung gestellt werden, im Vergleich zu einem Zeitpunkt, der mehrere Stunden nach einem Training liegt. Selbst zwei Stunden nach einer Trainingseinheit ist der Effekt eines Proteinsupplements auf den Muskelaufbau geringer, als eine Zufuhr direkt nach Trainingsende. Wird ein AS-Supplement allerdings mit Kohlenhydraten angereichert, ist der AS-Transport in den Muskel und der daraus folgende Muskelproteinaufbau höher, wenn das Supplement unmittelbar vor dem Training verabreicht wurde, anstatt, wie in einer Studie getestet, eine oder drei Stunden danach (Tipton 2001)! Möglicherweise kommt es durch die trainingsbedingte Mehrdurchblutung zu einem höheren AS-Transport in die Muskeln. Um diesen Transport zu optimieren, scheint ein geringer Anteil (circa 35 Gramm) an Kohlenhydraten, die dem Supplement beigemischt werden, vorteilhaft zu sein. Ein leicht verbesserter Proteinstoffwechsel wird also bei einem Mix (Protein plus Kohlenhydrate) im Vergleich zu einem reinen AS-Produkt erreicht. Diese Ergebnisse wurden allerdings mit freien AS erzielt und nicht mit einem klassischen Eiweißshake. Bei der Verabreichung kompletter Proteine, wie etwa in einem Molkenproteinsupplement, wird der Muskelproteinaufbau sowohl bei Zufuhr der Nahrungsergänzung vor als auch nach einer Trainingseinheit erhöht.

Fazit: Je näher der Zeitpunkt der Zufuhr eines Proteinsupplements an einer Trainingseinheit liegt, umso höher der Effekt! Mischt man ein paar Kohlenhydrate dem Eiweißsupplement bei, erhöht sich der Transport in die Muskeln und das bereits bei Verzehr vor dem Training.

Pro und Contra für das kleine Plus an Eiweiß.

Wann immer die meisten Berater in den letzten Jahren mit ambitionierten Sportlern gearbeitet haben, fiel früher oder später die Frage nach Proteinsupplementen und/oder AS-Präparaten, um die Leistungsfähigkeit zu optimieren.

Viele dieser Supplemente gehören mittlerweile schon zum Sportleralltag. Es verwundert sicher keinen, dass einige Sportler bereitwillig jedes neu im Markt eingeführte AS-Produkt an sich selbst austesten. Denn in Sportarten, die von unzähligen Dopingfällen heimgesucht werden, versteht es sich fast von selbst, dass ehrliche Athleten jede Chance wahrnehmen, die Leistungsfähigkeit auf natürlichem Wege zu steigern. Die in diesem Buch zusammengetragenen Erkenntnisse über Eiweiß- und AS-Präparate dienen hier lediglich der Information. Wahrscheinlich kommen die meisten Sportler und Fitnessanhänger auch ohne Supplemente aus.

Oberstes Ziel sollte es sein, alle notwendigen Nährstoffe über die normale Nahrung aufzunehmen. Denn so ganz unproblematisch ist das kleine Plus an Eiweiß durch Supplemente manchmal nicht. In den letzten Jahren ist immer wieder eine Diskussion über verunreinigte Produkte aufgeflammt. In einer Studie der Deutschen Sporthochschule Köln aus dem Jahr 2002 konnte gezeigt werden, dass knapp zwölf Prozent der für diese Untersuchung in Deutschland legal erworbenen Nahrungsergänzungsmittel nicht deklarierte anabol-androgene Steroide enthielten (Geyer 2000). Davon betroffen waren zum Teil auch AS-Präparate. Ein Beispiel: Ein von einer deutschen Firma vertriebenes Kreatin enthielt ein nicht angegebenes und in Deutschland verbotenes Prohormon. Das Tragische hierbei: Es existieren Fälle, in denen Wettkampfsportler aufgrund verunreinigter Supplemente mit positiven Urinproben aufgefallen sind. Aus diesem Grund wurde auch in dem vom Internationalen Leichtathletik-Verband (IAAF) anlässlich der Weltmeisterschaften 2007 herausgegebenen Ernährungsratgeber konsequent auf diese Problematik hingewiesen. Im Übrigen waren bei den von der Deutschen Sporthochschule getesteten Nahrungsergänzungen die in den Niederlanden erworbenen Produkte mit 25,8 Prozent am häufigsten kontaminiert. Die Gründe für die Verunreinigungen liegen in den beobachteten Fällen vermutlich in unzureichenden Qualitätsstandards bei der Herstellung. Ein nachvollziehbarer Grund für Kritiker, von der Verwendung von Nahrungsergänzungsmitteln abzuraten. Obwohl Kontaminationen mit illegalen Substanzen nie vollständig ausgeschlossen werden können, bieten die in der deutschen Roten Liste® aufgeführten Produkte relative Sicherheit. Untersuchungen haben gezeigt, dass die von deutschen Pharmakonzernen hergestellten Nahrungsergänzungen keine Verunreinigungen enthielten. Zusätzlich können Sportler, die nicht auf Supplemente verzichten wollen, auf der Website des Olympia-Stützpunktes Köln bereits getestete und für unbedenklich eingestufte Produkte auf der sogenannten Kölner Liste finden. Seriöse Hersteller bieten außerdem Zertifikate an, um die Reinheit ihrer Produkte zu belegen. Trotz alledem sollte die Einnahme von Protein- und AS-Präparaten besonders im Leistungssport nur mit größter Vorsicht erfolgen.

Und auch die Nieren sind sicher.

Low-Carb-Gegner fahren seit Jahren schwere Geschütze in der Debatte um gesundheitliche Auswirkungen proteinreicher Ernährungsmodelle auf. In zahlreichen Internetforen wird sogar dringend von der Umstellung auf mehr Protein und Fett und entsprechend weniger Kohlenhydrate abgeraten – der Gesundheit zuliebe. Im Fokus steht hierbei immer wieder die Diskussion um die Nierenfunktion. Mehr Protein in der täglichen Ernährung soll angeblich zu ernst zu nehmenden Beeinträchtigungen führen. Zur Erläuterung: Proteine werden im menschlichen Körper nur unvollständig verstoffwechselt. Anders als bei den Nährstoffen Kohlenhydraten und Fett bleibt beim Proteinabbau ein ausscheidungspflichtiges Substrat (Ammoniak) übrig. Ammoniak gilt als starkes Zellgift, das im Stoffwechsel in Harnstoff umgewandelt und über den Urin ausgeschieden wird. Folglich kommt der Niere als Ausscheidungsorgan für die Endprodukte des Proteinabbaus eine entscheidende Rolle zu. Allerdings konnte bislang die Befürchtung, eine gesteigerte Proteinzufuhr würde die Nieren gesunder Menschen schädigen, nicht belegt werden. Dutzende Studien haben sich mit dieser Frage beschäftigt. Das Ergebnis: Viele Aussagen über Nachteile einer reichlichen Proteinzufuhr stammen aus Tiermodellen oder Untersuchungen, die sich mit Nierenkranken beschäftigten. Beispielsweise haben die Ergebnisse der Nurses Health Study, der größten und wichtigsten Ernährungslangzeitstudie der Welt, ergeben, dass ein hoher Eiweißkonsum bei Menschen mit bereits vorliegenden Nierenschädigungen ein Fortschreiten ihrer Erkrankungen provozieren kann (Knight 2003). Liegt also eine Nierenerkrankung vor, sollte die Proteinzufuhr mit einem Arzt abgestimmt und im Regelfall niedriger angesetzt werden. Für Gesunde gilt allerdings: Mehr Protein führt lediglich zu einer völlig harmlosen Vergrößerung der Nieren und einer gesteigerten Filtrationsrate. Die Niere passt sich der erhöhten Belastung einfach an.

In einer kurzzeitigen Untersuchung mit Bodybuildern und anderen gut trainierten Sportlern kommen die Forscher zum Ergebnis, dass selbst 2,8 Gramm Eiweiß pro Kilogramm Körpergewicht zu keiner Beeinträchtigung der Nierenfunktion führt (Poortmans 2000). Und auch bei der Betrachtung einer 1.624 Personen starken Probandengruppe aus der bereits erwähnten Nurses Health Study geht hervor, dass in dem Untersuchungszeitraum von elf Jahren keinerlei Absinken der Nierenfunktion durch erhöhte Proteinzufuhr (durchschnittlich 93 Gramm pro Tag) bei gesunden Frauen erkennbar ist (Knight 2003). Gesunde Menschen müssen sich daher keine Sorgen machen. Auch in Bezug auf eine mögliche Entwicklung von Nierensteinen durch eine proteinreiche Ernährung. Die aktuelle Literatur gibt diesbezüglich Entwarnung. Es wird als unwahrscheinlich angesehen, dass nur die Ernährung für das Auftreten von Nierensteinen verantwortlich ist. Ursächlich sind wohl Stoffwechselfehlfunktionen. William Martin und sein Team von der University of Connecticut schreiben dazu in einer ihrer Veröffentlichungen: »Momentan existiert kein Beweis dafür, dass eine hohe Proteinzufuhr einen Grund für diese Abnormalität der Niere oder eine erhöhte Bildung von Nierensteinen liefert.« (Martin 2005)

Mit Fett den Muskelturbo zünden.

Kapitel 5

Immer mehr Ausdauersportler schwören auf eine fettreichere Kost. Was ist dran an der Meinung, erhöhte Fettanteile in der Ernährung würden die Fettverbrennungsrate und damit die Ausdauerleistung steigern? Tatsache ist, dass Fett in der Muskulatur die wichtigste Energiequelle ist. Beim Sport spielt also die Fettverbrennung eine besondere Rolle. Bei niedriger bis mittlerer Intensität steigt der Anteil der Fettverbrennung am Gesamtenergiehaushalt von zwei Drittel auf etwa vier Fünftel. Zur Energiegewinnung aus Fett benötigt man allerdings mehr Sauerstoff als bei der Energiegewinnung aus Kohlenhydraten – bezogen auf die gleiche Energiemenge. Und Sauerstoff in den Zellen wird beim Sport schnell knapp. Aus diesem Grund wurde immer die Empfehlung ausgesprochen, dass eine optimale Ernährungsweise für Ausdauersportler eine hohe Kohlenhydratzufuhr zur Erhöhung der Glykogenspeicher sei. Allerdings sind diese Kohlenhydratspeicher sehr knapp und reichen für intensive Ausdauerbelastungen nicht aus. Damit war immer das Problem des »Nachschubs« während der Belastung gegeben, und es bestand immer das Risiko eines »Hungerastes« mit entsprechender Leistungseinbuße.

Vergessen hatte man bei der Kohlenhydratphilosophie allerdings, dass der Fettstoffwechsel gut trainierbar ist. Je weniger Kohlenhydrate man dem arbeitenden Muskel anbietet, desto mehr ist er gezwungen, auf Fettverbrennung zurückzugreifen – und umgekehrt. Die Kohlenhydratknappheit ist also der notwendige Trainingsreiz, damit der Stoffwechsel verstärkt Fette als Energiequelle nutzt. Im Verlauf von einigen Wochen wird der Muskel sein System der Fettverbrennung mit allen dazu gehörigen Enzymen optimieren. Daraus resultiert die Fähigkeit, auch immer höhere Belastungsintensitäten noch mit Fettverbrennung abdecken zu können. Damit ist die Möglichkeit geschaffen, die knappen Kohlenhydratreserven – das Glykogen – für die Spitzenbelastungen aufzusparen. Dieses Prinzip wurde unter Praxisbedingungen wissenschaftlich untersucht und bestätigt. Mit Einhalten einer Fettdiät (Fatloading) in Kombination mit einem abgestimmten Trainingsprogramm konnte in verschiedenen Studien die gleiche, wenn nicht sogar eine höhere Leistungsfähigkeit im Ausdauersport erzielt werden (Knechtle 2005). Umgekehrt wurde in einem Experiment aus dem Jahr 2003 den Probanden entweder ein Placebodrink oder ein Getränk mit 75 Gramm Glukose gereicht. Beim anschließenden Ausbelastungstest konnte bei der Gruppe, die Kohlenhydrate erhielten, ein Rückgang der Fettverbrennungsrate um bis zu 28 Prozent festgestellt werden! Dieser Effekt kann teilweise bis zu mehrere Stunden nach Verzehr einer kohlenhydratreichen Mahlzeit anhalten (Achten 2003). Diese Zusammenhänge sind insbesondere für Ultra-Ausdauersportler relevant. Denn während einer mehrstündigen Belastung werden nicht nur die Glykogenspeicher entleert, es können sogar auch die intramuskulären Fettspeicher nahezu vollständig entleert werden. Niedrige intramuskuläre Fettspeicher können daher die Leistungsfähigkeit einschränken. Ein höherer Fettanteil in der Nahrung, gepaart mit regelmäßigem Ausdauertraining, erhöht diese Speicher wiederum. Dies kann dazu führen, dass für Ausdauereinheiten, die mehrere Stunden umfassen, ausreichend Energie aus der Fettverbrennung gewonnen werden kann.

Fazit: Der menschliche Stoffwechsel ist sehr gut in der Lage, sich an eine fettbetonte und kohlenhydratreduzierte Kost anzupassen und verstärkt Fettsäuren als Energiequelle zu nutzen. Wie kurzfristig das zu erreichen ist, ist wissenschaftlich noch nicht geklärt und ist wohl auch individuell unterschiedlich.

Weniger Kohlenhydrate für mehr Fettverbrennung.

Südafrikanische Forscher fanden in einer Studie im Jahr 2006 heraus, dass sich der Fett-Kohlenhydratstoff-Wechsel bereits innerhalb weniger Tage nach Ernährungsumstellung verschiebt (Havemann 2006). Es wurden zwei Gruppen gut trainierter Radfahrer beobachtet, die über den Zeitraum von sechs Tagen entweder eine stark kohlenhydrathaltige Ernährung (68 Prozent Kohlenhydrate) oder eine fettbetonte Kost (68 Prozent Fett) verzehrten. Die Low-Carb-Gruppe absolvierte zusätzlich eine Kohlenhydrataufladung am siebten Tag. Die beobachtete höhere Fettverbrennung bei den Teilnehmern dieser Gruppe kann somit nicht mit entleerten Glykogenspeichern begründet werden. Vielmehr werden hier veränderte Enzymaktivitäten, erhöhter Fettsäurenanteil im Blut und eine stärkere Aufnahme von Fetten in den Muskel angenommen. Allerdings konnten durch diese kurzfristige Maßnahme auch keine Leistungsunterschiede zwischen den Probanden der High-Carb- und Low-Carb-Gruppe in den absolvierten 100-Kilometer-Rennen festgestellt werden.

Eine solche fettbetonte und kohlenhydratreduzierte Ernährung über einen Zeitraum von vier Wochen kann allerdings zu deutlichen Leistungssteigerungen in der Ausdauerfähigkeit führen. In Untersuchungen, bei denen Läufer vier Wochen lang 41 Prozent ihrer Tageskalorien aus Fett bezogen, konnte ein Anstieg der Fette im intramuskulären Pool nachgewiesen werden. Und die beim Ausdauertest erzielte Zeit wurde von den Studienteilnehmern nach der fettbetonten Phase signifikant um 21 Prozent gesteigert. Weder das Körpergewicht noch der Körperfettanteil veränderte sich innerhalb des Beobachtungszeitraumes. Ein weiterer Beleg für die Anpassung an fettreiche Kost ist das Absinken des sogenannten respiratorischen Quotienten (RQ). Der RQ stellt das Verhältnis von Kohlenhydrat- zur Fettverbrennung dar und wird mittels Atemgasuntersuchungen gemessen. Ein niedrigerer Wert weist die gesteigerte Verbrennung von Fettsäuren objektiv und reproduzierbar nach. Eine Low-Carb-Ernährung, das heißt ein geringer Kohlenhydratanteil in der Nahrung bei Sportlern, kann demnach mittel- und langfristig trotz Absinken des Muskelglykogengehaltes zu Steigerungen der Ausdauerfähigkeit im Vergleich zur üblichen kohlenhydratbetonten Kost führen. Wie schon erwähnt, profitieren vor allem jene Athleten besonders von einem Fatloading, die Ausdauerbelastungen über mehrere Stunden (zum Beispiel beim Triathlon oder Radrennen) vollbringen müssen.

Um diese Ergebnisse erzielen zu können, muss die Ernährung einen Fettanteil von idealerweise rund 60 bis 70 Prozent und möglichst weniger als 15 Prozent Kohlenhydrate enthalten. Einigen Studien ist zu entnehmen, dass ein Mindestzeitraum von vier Wochen notwendig ist, um mit einer solchen Ernährungsweise Leistungssteigerungen erzielen zu können (Phinney 2004). Entscheidend dafür ist allerdings das zeitgleiche Absolvieren eines entsprechenden Ausdauertrainingsprogramms. Die alleinige Ernährungsumstellung auf fettbetonte Kost führt noch nicht zur Optimierung der Fettenergiebereitstellung mit Leistungssteigerung. Oder anders ausgedrückt: Nur viel Fett essen nutzt nichts.

Etwas Geduld, bitte.

Zu Beginn einer Umstellung auf Low-Carb kann es bei manchen Sportlern zu vorübergehenden Leistungstiefs oder verstärkt empfundener Erschöpfung kommen. Diese Effekte verschwinden in der Regel mit Fortführung dieser Ernährungsweise. Die Anpassung ist außerdem abhängig vom Trainingsstatus. Trainierte Sportler sind grundsätzlich schneller in der Lage, ihren Stoffwechsel an eine erhöhte Bereitstellung von Fetten zu gewöhnen. Zwar sind die ersten Anpassungseffekte an fettbetonte Kost recht kurzfristig zu erwarten, doch sind einige Wochen nötig, um die gleiche Leistungsfähigkeit wie unter kohlenhydratreicher Ernährung herstellen zu können. Daher sollte eine solche Umstellung ausreichend lange vor einer möglichen Wettkampfphase durchgeführt werden. Eine langfristig angelegte High-Fat-Ernährung kann vor allem für jene Sportler von großem Vorteil sein, die unter »normaler« Sportlerkost Probleme mit der Aufrechterhaltung des Blutglukosespiegels während einer Belastung haben. Schieben diese Sportler während der Ausübung ihrer Disziplin nicht kontinuierlich Kohlenhydrate nach, kommt es häufig zu den typischen Unterzuckerungserscheinungen. Eine vermehrte Verbrennung von Fetten aus dem Blut und Gewebe zur Energieversorgung während der Belastung und folglich die Schonung der Kohlenhydratreserven vermeidet dieses Problem. Auch die bei Ausdauersportlern übliche Kohlenhydrataufladephase wird durch eine vorher absolvierte fettbetonte Kost noch wirkungsvoller. Eine Abwandlung dieser Methode bietet die lange bekannte Saltin-Diät.

Dabei wird zunächst eine Woche vor einem Wettkampf eine erschöpfende, glykogenspeicherentleerende Ausdauereinheit absolviert. In den folgenden drei Tagen wird die Ernährung dann auf fett- und eiweißbetont umgestellt, um die Speicher zusätzlich zu leeren. Daneben wird weiter leichtes Ausdauertraining betrieben. Zwei bis drei Tage vor dem Wettkampf wird dann der Kohlenhydratanteil in der Nahrung drastisch erhöht. Der Effekt: Die Glykogenspeicher werden superkompensiert, und der Sportler hat am Tag des Wettkampfes stark gefüllte Kohlenhydratreserven. Diese können dann vor allem in intensiven Belastungsphasen wie zum Beispiel Zwischensprints abgerufen werden. Allerdings empfinden viele Sportler eine solche Superkompensation kurz vor dem Wettkampf als besonders belastend und ermüdend. Da die Anpassungsprozesse an diese Ernährung üblicherweise mehrere Tage bis Wochen dauern, ist bei dieser kurzfristigen Umstellung ein gewisser vorübergehender Leistungseinbruch zu erwarten. Denn man erhöht zwar mit kurzfristiger Superkompensation seine Glykogenspeicher, bezahlt diesen Benefit allerdings häufig mit Erschöpfungszuständen und mangelnder Leistungsbereitschaft. Des Weiteren steigt das Körpergewicht durch die kohlenhydratbedingte Wassereinlagerung an.

Es bleibt dabei: Um trotzdem die leistungsfördernden Effekte einer Kohlenhydrataufladung nutzen zu können, ist es sinnvoll, bereits Wochen bis Monate vor einer Wettkampfperiode seine Ernährung auf mehr Fett und Eiweiß umzustellen. Mit diesem Fatloading wird eine vermehrte Ausnutzung der Fettsäurenverbrennung bei erniedrigten Glykogenspeichern erreicht. Eine zusätzlich vor dem Wettkampf erfolgende Kohlenhydratladephase bewirkt ebenfalls eine Superkompensation, jedoch ohne Leistungseinbruch durch die vorausgegangene Fett-Eiweiß-Kost, die bereits über mehrere Wochen bis Monate durchgeführt wurde. Weiterer Vorteile eines Fatloadings: Sportler, die täglich mehrstündiges Ausdauertraining betreiben, haben häufig Schwierigkeiten, ihren angestrebten Kalorienbedarf zu decken. Aufgrund der deutlich höheren Energiedichte von fettreichen Nahrungsmitteln lässt sich die notwendige Energie auf kleinerem Raum zuführen.

Name: Thomas Tai
Sportart: Rudern (Hobbysportler)
Alter: 40 Jahre

Nach fettarm kam fettreich. Für mich eine Revolution.

Bis vor wenigen Jahren habe ich mich weder um meine Ernährung gekümmert noch in irgendeiner Form Sport getrieben. Dabei betrieb ich während meiner Schulzeit Leistungssport. Mit dem Einstieg in die Selbstständigkeit begann eine Zeit, in der ich rückblickend auf verantwortungslose Weise mit meinem Körper umging. Die Folge war starkes Übergewicht. Ich wog zeitweise über 150 Kilogramm! Dazu kam eine desolate gesundheitliche Verfassung. Die Wende brachte schließlich ein eindringliches Gespräch mit einem Arzt, anlässlich einer notwendigen Operation. Bei meinem damaligen Lebensstil prognostizierte er mir eine wenig vielversprechende und vor allem kurze Zukunft.

Wenige Tage später meldete ich mich für ein ärztlich begleitetes Programm zur Gewichtsabnahme an. Innerhalb weniger Monate verlor ich die ersten 30 Kilogramm. Dadurch war ich endlich wieder in der Lage, regelmäßig Sport treiben zu können. Nach Fahrradergometer und Crosstrainer landete ich schließlich bei einem Concept-II-Ruderergometer. Rudern ist ein effizientes Ganzkörpertraining, und es erwies sich sehr schnell, dass ich es gelenkschonend aber effektiv gegen mein Übergewicht einsetzen konnte. Regelmäßiges Training mindestens viermal pro Woche und eine gezielte Ernährung mit reichlich Gemüse und Obst, Vollkorn und magerem Fleisch brachten innerhalb eines weiteren Jahres noch einmal über 20 Kilogramm Gewichtsverlust. Dabei hielt ich mich zunächst an die Devise fettarme Kost. Mit knapp 115 Kilogramm war ich zwar immer noch weit vom Normalgewicht entfernt, allerdings im Vergleich zu den vorherigen Jahren erstmals in einer sehr guten körperlichen Verfassung. So packte mich der Ehrgeiz, und ich setzte mir das Ziel, an den Deutschen Marathon-Meisterschaften im Ergometerrudern teilzunehmen. Für 42,195 Kilometer auf dem Rudergerät braucht ein Spitzenathlet knapp 2 Stunden und 30 Minuten. Ich visierte eine Zeit um die 3 Stunden und 20 Minuten an und erhöhte mein Trainingspensum auf sechs Einheiten pro Woche.

Für mein Trainings- und Ernährungsprogramm orientierte ich mich an einschlägiger Marathonliteratur für Läufer, denn der Rudermarathon ist eher eine wenig bekannte Randsportart. Und so wurde meine Ernährung sehr kohlenhydratlastig. Vollkornnudeln und -brot, Kartoffeln, Obst, Gemüse, Salat und mageres Fleisch begleiteten mein Training. Interessanterweise konnte ich damit trotz des erhöhten Trainingsumfangs (bis zu neun Stunden pro Woche) kaum weiter an Gewicht verlieren. Meine Priorität lag aber auf der Bewältigung des Marathons – sei es mit mehr oder weniger Gewicht. Den schaffte ich schließlich nach sechs Monaten Training mit einer Zeit von 3 Stunden und 18 Minuten. Für die Vorbereitung auf meinen nächsten Marathon wollte ich allerdings etwas ändern. Denn für mich war es unverständlich, dass ein mehrstündiges Trainingsprogramm jede Woche, gepaart mit »gesunder« fettarmer Ernährung mit viel Vollkorn nicht auch zu entsprechender Gewichtsabnahme führte. Die immer wieder propagierte Formel von Bewegung plus fettarme Nahrung half mir eindeutig nicht weiter. Von einem Sportmediziner erhielt ich dann den Tipp, mich einmal mit dem glykämischen Index und Low-Carb-Ernährung auseinander zu setzen. Das Konzept der LOGI-Methode erschien mir am Ende am besten umsetzbar, sodass ich meine Ernährung nach diesen Vorgaben umstellte. Den Obst- und Gemüseanteil änderte ich kaum. Hiervon aß ich bereits ausreichend. Allerdings wurden Vollkornbrot und Nudeln zugunsten von Fleisch, Fisch, Käse und anderen Milchprodukten deutlich reduziert. Ein Umdenken erforderte vor allem die Tatsache, dass Fett nicht mehr grundsätzlich verboten war. Oliven- und Walnussöl, Avocados, Nüsse, Vollfettkäse und Biofleisch mit höherem Fettanteil kamen zurück auf den Speiseplan.

Für mich war diese Umstellung revolutionär:

- Geschmack und Genuss beim Essen wurden durch den höheren Fettanteil und den Verzicht auf »Low-Fat«-Produkte erheblich gesteigert.

- Das Sättigungsgefühl nach einer Mahlzeit hielt deutlich länger an, und der typische Hungerast bei langen Trainingseinheiten trat praktisch nicht mehr auf.

- Obwohl ich die zum Ausdauertraining vermeintlich wichtigen Kohlenhydrate nur noch in reduzierten Mengen zu mir nahm, konnte ich keinen Leistungseinbruch mehr verzeichnen. Im Gegenteil: Es stellten sich die zu erwartenden Trainingsverbesserungen ein.

Innerhalb eines Jahres verlor ich außerdem noch einmal weitere zwölf Kilogramm Gewicht. Den krönenden Abschluss bildete mein zweiter Marathon mit einer weiteren Verbesserung meiner Bestzeit auf drei Stunden und acht Minuten. Für die Zukunft möchte ich nun die Drei-Stunden-Grenze beim Rudermarathon knacken und vor allem meine Gewichtsabnahme weiter fortsetzen. Zu diesem Zweck habe ich von meinem jetzigen Ernährungscoach Clifford Opoku-Afari die Empfehlung bekommen, den Kohlenhydratanteil in meiner Ernährung noch weiter zu reduzieren. Und erstaunlicherweise ist sogar ein gesteigertes Trainingsvolumen von durchschnittlich 1,5 Stunden pro Tag mit Einheiten von bis zu 3,5 Stunden Länge ohne Probleme mit weniger als 20 Gramm Kohlenhydraten pro Tag zu bewältigen. Mit dieser sogenannten ketogenen Ernährung verzeichne ich zusätzlich eine weitere stetige Gewichtsabnahme. Außerdem stelle ich erstmals fest, dass sich mein Gewicht auch in einer verletzungs- oder krankheitsbedingten Trainingspause ohne Probleme halten lässt, wenn ich diese kohlenhydratarme Ernährung konsequent einhalte.

Very Low Carbohydrate Ketogenic Diet (ketogene Ernährung)

Bei einer täglichen Kohlenhydratmenge unter 50 Gramm werden Ketonkörper als Ersatz für Glukose gebildet und dienen als Energiequelle. Die VLCK-Diet wurde vor allem in den 1970er-Jahren von Dr. Atkins bekannt gemacht.

Mit noch mehr Fett zum Ketarier.

Es war das Jahr 1879, als sich eine 18-köpfige Gruppe auf eine Expedition begab, um den verschollenen britischen Polarforscher Sir John Franklin und seine Gefährten im größtenteils unbewohnten Gebiet nördlich von Kanada ausfindig zu machen (Phinney 2004). Der Amerikaner Frederick Schwatka war einer von ihnen. Diese Truppe, der unter anderem auch zwölf Inuits angehörten, startete mit einer Essensration im Gepäck, die gerade einmal für einen Monat ausreichte. Sie bestand größtenteils aus Walfischspeck. Nachdem dieser Vorrat aufgebraucht war, konnte nur durch Fischfang und Jagen neue Nahrung beschafft werden. Diese bestand folglich aus Fisch und Fleisch, das heißt Eiweiß und Fett bei gleichzeitig nahezu null Kohlenhydraten. Unter diesen Bedingungen absolvierte das Team rund um Expeditionsleiter Schwatka innerhalb von knapp einem Jahr stolze 3.000 Meilen zu Fuß! Gegen Ende der Reise bewältigten Schwatka und ein Begleiter seinen Tagebuchaufzeichnungen zufolge sogar 65 Meilen (105 Kilometer) innerhalb von 48 Stunden. Im März 1880 kehrten alle Beteiligten und die 44 mitgereisten Hunde unversehrt zum Startpunkt zurück. Schwatka berichtete später von den anfänglichen Schwierigkeiten, ohne Kohlenhydrate auszukommen. Nach zwei bis drei Wochen hatte sich sein Körper allerdings, bei gleicher Leistungsfähigkeit wie unter kohlenhydratreicher Nahrung, umgestellt.

Wird nämlich der tägliche Kohlenhydratanteil in der Nahrung stark reduziert (auf weniger als 50 Gramm) kommt es zu einer Verschiebung innerhalb der energieliefernden Nährstoffe. Da Fette bei dieser auch als Very-Low-Carb-Diet (VLCD) bekannten Ernährungsform nicht mehr auf ihrem gewohnten Wege verstoffwechselt werden können, schaltet der Körper auf ein »Notprogramm« und bildet die sogenannten Ketonkörper. Man nennt dies deshalb auch »ketogene Diät«. Diese aus Fetten gewonnenen Stoffe dienen als Energieträger. Fast alle Gewebe, besonders die Muskulatur und das Gehirn, können Ketonkörper als Energiequelle verwerten. Die roten Blutkörperchen und die Nebenniere werden über die Glukoneogenese aus Protein mit Glukose versorgt. Diese Ernährungsweise erlaubt hauptsächlich Fisch, Meerestiere, Fleisch, Eier, Käse und Gemüse. Getreideprodukte, Müsli, Reis, Kartoffeln und Nudeln sind aufgrund ihres hohen Kohlenhydratgehaltes völlig tabu, ebenso wie die meisten Obstsorten sowie einige Milchprodukte mit hohem Milchzuckeranteil. Denn um den Zustand der Ketose schnellstmöglich zu erreichen, muss der tägliche Kohlenhydratanteil zunächst auf etwa 20 Gramm heruntergefahren werden. Nach einigen Tagen kann man, je nach körperlicher, kohlenhydratverbrauchender Energiebereitstellung, den Kohlenhydratanteil auf etwa 50 bis 70 Gramm erhöhen. Alle restlichen Kalorien kommen damit aus Fetten und Proteinen.

An dieser Stelle muss darauf hingewiesen werden: Kohlenhydrate sind nicht »essenziell«. Man muss sie nicht essen! Der Körper kann sie selbst herstellen (Glukoneogenese). Die Menschheit hat sich mit einer sehr kohlenhydratarmen Kost entwickelt. Wir besitzen mit der Ketogenese und der Glukoneogenese zwei Stoffwechseloptionen, an die wir seit Hunderttausenden von Jahren perfekt angepasst sind!

Allerdings ist bei ketogener Ernährung, wie bereits erwähnt, eine Anpassungsphase von mindestens vier Wochen zu berücksichtigen. Weiterer Vorteil einer ketogenen Ernährung: Die äußerst effiziente Ausnutzung von Fettsäuren zur Energiegewinnung trägt erheblich zur Beschleunigung des Abbaus von Körperfett bei. Durch den hohen Proteinanteil wird zusätzlich die stoffwechselaktive Muskelmasse besser stabilisiert, was zu einer Aufrechterhaltung des täglichen Energieverbrauches beiträgt. Ferner berichten viele Sportler mit einer Fett-Eiweiß-Kost, das einst erreichte Körpergewicht besser halten zu können, im Vergleich zu einer kohlenhydratbetonten Ernährung.

Für das Krafttraining kommt eine ketogene Ernährung nur bedingt infrage. Denn während eines Krafttrainings spielt Fett als Energiequelle eine untergeordnete Rolle, da die Muskeln zum überwiegenden Teil Glukose verbrennen. Eine derart starke Kohlenhydratreduktion kann daher zu deutlichen Einbrüchen in den Trainingsleistungen führen. Dennoch lässt sich das Prinzip in einer abgewandelten Form nutzen. Bei dieser Variante reduziert man an fünf bis sechs Tagen in der Woche Kohlenhydratquellen wie bei einer ketogenen Ernährung auf circa 20 bis 40 Gramm am Tag (bei circa 65 Prozent Fett, 30 Prozent Protein und 5 Prozent Kohlenhydraten). Das Ergebnis: Der Insulinspiegel bleibt flach, und der Fettabbau wird verstärkt. Gleichzeitig kann die Muskelmasse durch den hohen Proteinanteil erhalten werden. Zusätzlich ergibt sich der Vorteil, dass ein geringer Insulinspiegel zur verstärkten Ausschüttung von Testosteron und sogenannten Wachstumshormonen im Körper führt. Das hemmt die Katabolie und steigert die Anabolie, sprich den Muskelaufbau – sofern über regelmäßiges Krafttraining parallel Wachstumsreize gesetzt werden.

Um den Glykogenspeicher, der durch die starke Kohlenhydratreduktion und das zusätzliche Training geleert wird, wieder zu füllen, folgen den fünf bis sechs Tagen Fett-Eiweiß-Kost ein bis zwei Tage Kohlenhydrataufladung. Diese Ladephase geschieht meist am Wochenende und beinhaltet all die Nahrungsmittel, derer man innerhalb der Woche entsagt hat: Brot, Müsli, Nudeln, Reis oder Süßigkeiten sind in dieser Phase nicht nur erlaubt, sondern ausdrücklich erwünscht, um die Glykogenspeicher schnell und effektiv zu füllen. Des Weiteren wird durch die nun verstärkte Insulinausschüttung ein gewebsaufbauender Effekt erzielt, da den Nährstoffen verstärkt Zugang in die Zellen gewährt wird. Durch die Beschränkung der Kohlenhydratladephase auf ein bis zwei Tage bleibt auch die durch Insulin begünstigte Fettspeicherung im Griff. Sportler berichten in diesem Zusammenhang häufig von einem »Pump«-Effekt, da die Muskelzellen aufgrund der Kohlenhydratspeicherung und der damit bedingten Wassereinlagerung prall gefüllt werden. Viele weisen auch auf die positiven Auswirkungen auf die Psyche hin, da sich mit der Zufuhr von reichlich Kohlenhydraten vorübergehend die Stimmung hebt. Was keinesfalls bedeutet, dass Low-Carb nach der Gewöhnung schlechte Stimmung oder gar Depressionen bewirkt, wie es so manche unverbesserliche Low-Carb-Gegner immer wieder anführen. Nach diesem Zyklus von fünf bis sechs Tagen fett- und eiweißreicher und ein bis zwei Tagen kohlenhydratbetonter Kost beginnt der Zyklus von neuem. Zwar wird durch die regelmäßige »Unterbrechung« der Fett-Eiweiß-Kost und das folgende Carboloading kaum eine Ketose provoziert, dennoch lassen sich gewisse Erfolge in Hinblick auf Fettabbau und Muskelaufbau im Kraftsport erzielen.

Und irgendwelche Nachteile?

Grundsätzlich ist der Zustand der Ketose dem menschlichen Stoffwechsel bekannt. Es handelt sich gewissermaßen um ein über Jahrtausende hinweg erprobtes Überlebensprogramm, welches eine ausreichende Energieversorgung aus Fettsäuren sicherstellt. Im Laufe der Evolution hat der Körper ganz einfach gelernt, in Zeiten der Nahrungs- und/oder Kohlenhydratknappheit verstärkt aus Fetten Ketonkörper zu bilden. Und diese Stoffwechselumstellung kann sogar therapeutisch wertvoll sein. Bereits in den 1920er- und 1930er-Jahren wurde die ketogene Ernährung im Rahmen der Behandlung von Epilepsie eingesetzt. Hierzu ein Kommentar eines Arztes aus dem Jahr 1928: »Die Resultate durch das Fasten und der ketogenen Ernährung sind die besten, die wir im Rahmen der Epilepsiebehandlung von Kindern durch irgendeine Therapieform erhalten.« Diese Therapieform ist heute absolut etabliert (Freeman 2007)!

Um den Verzicht beziehungsweise die starke Reduktion von Obst zu kompensieren und eine mögliche unzureichende Vitamin- und Mineralstoffversorgung zu vermeiden, bietet sich die Verwendung eines Multivitamin-/Mineralstoffsupplements an.

Noch ein Risiko gilt es zu bedenken: Die hohe Zufuhr von schwefelhaltigen Aminosäuren bei geringer Zufuhr von Basenbildnern (Obst und Gemüse) forciert einen ständigen Säureüberschuss im Stoffwechsel. Um den Säure-Basen-Haushalt zu stabilisieren, wird eine Kompensation zum Beispiel durch basisch wirkendes Calcium aus den Knochen nötig. Eine Minderung der Knochendichte und das Bruchrisiko ist dadurch erhöht. Daher sollten Sportler, die eine ketogene Ernährung einhalten, zur Sicherheit auch zu entsprechenden Basensupplementen greifen.

Ein weiteres Merkmal dieser Ernährungsweise liegt in dem Auftreten von Mundgeruch aufgrund der Ketonkörper. Das kann zwar unangenehm sein, ist jedoch völlig unbedenklich. Denn bei gesunden Menschen wird die Ketonkörperbildung rechtzeitig durch zusätzliche Insulinfreisetzung, die die Fettsäureverwertung hemmt und damit dem Stoffwechsel die Grundsubstanz für den Aufbau von Ketonkörpern vorenthält, gestoppt. Auf diesem Wege wird normalerweise eine ungeregelte Ketonkörperbildung, die in der gesundheitsgefährdenden »Ketoazidose« münden kann, vermieden. Probleme sind vornehmlich bei Typ-1-Diabetikern, die kein eigenes Insulin mehr produzieren, zu erwarten. Aufgrund des Insulinmangels beziehungsweise der reduzierten Insulinwirkung kann bei Diabetikern die Ketonkörperproduktion nicht in dem Ausmaß gestoppt werden wie bei Gesunden. Eine Ketoazidose ist daher ein Risiko eines unbehandelten beziehungsweise schlecht eingestellten Typ-1-Diabetes und muss unbedingt vermieden werden. Polnische Wissenschaftler haben im Jahr 2008 eine Langzeituntersuchung zu Effekten einer VLCD veröffentlicht (Grieb 2008). Der Großteil ihrer Probanden hielt sich knapp fünf Jahre lang an diese Ernährungsweise, wobei der Kohlenhydratanteil bei 10 bis 15 Prozent der Tageskalorien und der durchschnittliche Fettanteil zwischen 73 (bei den Frauen) und 77 Prozent (bei den Männern) lag. Das entsprach im Übrigen etwa 140 respektive 180 Gramm Fett pro Tag! Und entgegen der landläufigen Meinung, Fett würde fett und krank machen, zeigten sich keinerlei Nachteile dieser strikten Low-Carb-Ernährung. Auch der Body-Mass-Index, als Marker für das Körpergewicht, sank bei den meisten Studienteilnehmern umso deutlicher, je länger sie diese Ernährungsweise beibehielten. In ihrer Veröffentlichung schreiben sie

Folgendes: »Diese Ergebnisse zeigen, dass die Einhaltung einer Low-Carb-High-Fat-Ernährung über einen Zeitraum von über einem Jahr keine gesundheitsschädigenden Wirkungen hervorruft und auch nicht das Risiko für Erkrankungen am Herz-Kreislauf-System erhöht.«

Die ketogene Ernährung wirkt zwar zunächst bestens in Sachen Gewichts- und Körperfettreduktion, aber es soll nicht verschwiegen werden, dass es bei kaum einer Ernährungsweise so viele Abbrüche gibt, wie bei dieser. Die starke Kohlenhydratreduktion und die damit verbundene reduzierte Lebensmittelauswahl erfordert viel Disziplin und mentale Stärke.

Genauer hingucken lohnt sich.

Fett ist nicht gleich Fett. Fettsäuren unterscheiden sich erheblich in ihrer Zusammensetzung und in ihrer Wirkung auf den menschlichen Stoffwechsel. Es gibt auch keine »bösen« und keine »guten« Fette. Alle haben ihre Aufgaben und deshalb auch Bedeutung. Als besonders gesundheitsfördernd gelten die sogenannten langkettigen, hoch ungesättigten Omega-3-Fettsäuren vor allem deshalb, weil wir sie mit unserer intensiven Landwirtschaft aus dem natürlichen Nahrungskreislauf herausgenommen haben. Die wichtigsten Quellen dafür waren Wildtiere. Heute können wir zumindest mit dem Fleisch aus artgerechter Haltung, das heißt Fütterung von Grünzeug zusammen mit ausreichender Bewegung, eine interessante Omega-3-Quelle einsetzen. Daneben sind es die Tiefseefische, die uns diese lebenswichtigen Fettsäuren in hohem Maße liefern.

Erstmalig fiel die gesundheitliche Bedeutung dieser Fettsäuren bei den Inuits in der nördlichen Hemisphäre auf. Mit Harpune oder auch Pfeil und Bogen bewaffnet begeben sich diese in Kanada und Grönland lebenden Bewohner zum Teil noch heute traditionell auf die Jagd nach Robben, Walen und Fischen. Und siehe da: »Trotz« beziehungsweise gerade wegen des immens hohen Fettkonsums traten Herz-Kreislauf-Erkrankungen bei diesen Völkern völlig in den Hintergrund. Im Laufe der Zeit widmete sich die Wissenschaft diesem »Phänomen« und nahm die Inuit-Ernährung genauer unter die Lupe. Schon frühzeitig wurde erkannt, dass das Fernbleiben des gefürchteten Herzinfarktes & Co. in Zusammenhang mit dem Verzehr von Omega-3-Fettsäuren steht. Denn die höchsten natürlich vorkommenden Mengen hoch ungesättigter Omega-3-Fettsäuren (Eicosapentaen- und Decosahexaensäuren beziehungsweise EPA und DHA) finden sich in fetten Kaltwasserfischen (Lachs, Makrele, Hering, Thunfisch und Sardine) wieder. Auch durch Pflanzen lässt sich eine Omega-3-Fettsäure zuführen und zwar in Form der Vorstufe für die eigentlich essenziellen EPA und DHA, der alpha-Linolensäure (ALA). Zu finden ist die ALA unter anderem in Walnüssen, Raps- und Leinöl.

Um das noch einmal deutlich klar zu stellen: Unser Körper braucht im Endeffekt EPA und DHA. Die ALA ist per se zu nichts nutze. Sie muss erst in die langkettigeren Endstufen verlängert werden! Allerdings gelingt dies nur unzureichend, wenn gleichzeitig viele Fettsäuren des Gegenspielers, der Omega-6-Fettsäuren, gegessen werden. Diese sind reichlich in den beliebtesten Pflanzenfetten aus Soja, Mais, Weizen, Sonnenblumen, Distel et cetera enthalten. Und da sie in hohem Maße in unserer Nahrung enthalten sind, ist die Versorgung mit den langkettigen hoch ungesättigten Omega-3-Fettsäuren, die nur im tierischen Fett vorkommen, unzureichend.

HDL und LDL

Die High-density und Low-density Lipoproteine sind Transporttaxis für wasserunlösliche Stoffe im Blut. HDL nimmt Fette und Cholesterin aus dem Gewebe auf und sorgt für den Abtransport. LDL sorgt für die Aufnahme von Fetten und Cholesterin ins Gewebe.

EPA und DHA

Eicosapentaensäure und Docosahexaensäure gehören zur Gruppe der langkettigen Omega-3-Fettsäuren. Vor allem Kaltwasserfisch, aber auch Fleisch aus artgerechter Haltung, enthält viel Omega-3. Die Vorläufersubstanz alpha-Linolensäure, die im Körper zu EPA und DHA verlängert wird, findet sich zum Beispiel reichlich in Walnüssen oder Leinöl.

Das Missverhältnis bringt den Körper in Schwierigkeiten. Der Grund dafür liegt vermutlich in unserem genetischen Programm. Man vermutet, dass sich unser heutiges Genmaterial nur unwesentlich von dem unserer steinzeitlichen Vorfahren unterscheidet und unser Stoffwechsel an die damals vorhandene Ernährungsweise perfekt angepasst ist. Diese muss wohl über Jahrtausende ein Omega-3- zu Omega-6-Verhältnis von 1:1 bis 1:3 geliefert haben. Heute ist, wie so vieles, auch das anders: Unter anderem unsere getreidelastigen Ernährungsgewohnheiten führen zu einem Missverhältnis von 1:8 bis sogar 1:20. Die Folgen: Eine Ernährung mit hohem Anteil an Omega-6-Fettsäuren fördert die Entwicklung von Gefäßverschlüssen und Gelenkentzündungen. Zusätzlich wird das Blut dickflüssiger, und die Gefäße verengen sich, was langfristig Herz-Kreislauf-Erkrankungen fördern kann.

Eine vermehrte Zufuhr von EPA und DHA bei gleichzeitiger Reduktion von Omega-6 entfaltet folglich eine gefäßschützende Wirkung, indem sie die Blutflusseigenschaften optimieren, das Zusammenlagern von Blutplättchen verhindern und zu günstigen Verschiebungen der Cholesterinunterfraktionen HDL und LDL führen. Auch das Vorkommen von Herzrhythmusstörungen kann durch reichlich Omega-3 verringert und Blutdruck und Entzündungen gemindert werden. Es gibt außerdem Hinweise darauf, dass das Schlagvolumen und damit die Sauerstoffanlieferung durch Supplementation von fünf Gramm Omega-3 am Tag verbessert werden kann. In einer Untersuchung, in der täglich sechs Gramm Fischöl oder die gleiche Menge Olivenöl über einen Zeitraum von drei Wochen verabreicht wurden, führte die Supplementierung mit Fischfetten bei untrainierten Männern während der 90-minütigen Belastung auf einem Fahrradergometer zu einer 26-prozentigen Einsparung an Glukose aus dem Blut (Delarue 2003). Und auch die so häufig geschundenen Sportlerknochen sind auf den Verzehr von richtigem Fett angewiesen. Denn es gibt Zusammenhänge zwischen der Fettsäurenbalance und der Knochendichte. Offensichtlich ist auch der Knochenstoffwechsel auf das eben beschriebene optimale Verhältnis von Fettsäuren eingestellt (Simopoulos 2008). Ob jedoch solch hohe Dosen ohne unerwünschte Nebenwirkungen bleibt ist heute noch nicht hinreichend erforscht.

Professor Clemens von Schacky, deutscher Forscher der medizinischen Klinik und Poliklinik der Münchener Universität, beschreibt daher in einer Publikation von 2007 einen neuen Risikofaktor: den Omega-3-Index. Er gibt Auskunft über den Anteil an EPA und DHA im Verhältnis zur Gesamtmenge an Fettsäuren – gemessen in den roten Blutkörperchen. Ein Index über acht Prozent wird dabei mit einem um 90 Prozent verringerten Risiko für plötzlichen Herztod in Verbindung gebracht, im Vergleich zu einem Omega-3-Index von nur vier Prozent (von Schacky 2007). Eine Untersuchung von 80.000 Frauen innerhalb der Nurses Health Study ergab, dass in dem beobachteten Zeitraum von 14 Jahren zwei- bis viermaliger Fischkonsum pro Woche das Risiko für einen thrombotischen Gefäßverschluss um knapp 50 Prozent herabsetzt (Iso 2001).

Eine der bekanntesten Studien zu diesem Thema ist die Lyon Heart Study, in der die Effekte einer mediterranen Kost im Vergleich zu einer Ernährung, die von der American Heart Association empfohlen wird, betrachtet wurde. Innerhalb der zwei beobachteten Jahre kam es zu einer um 70 Prozent verringerten Sterblichkeitsrate durch die Ernährung aus der südländischen Küche. Das Omega-3- zu Omega-6-Verhältnis lag hier bei 1:4 (Simopoulos 2008). Aber noch viele weitere Studien kommen zu ähnlichen Ergebnissen.

Fazit: Fett muss von seinem gesundheitsgefährdenden Image befreit werden. Fette müssen im Gegenteil sogar als positiver Nahrungsbestandteil dringend empfohlen werden. Allerdings sind Fachgesellschaften wie die DGE bislang nicht bereit, diese vielen neuen Erkenntnisse aktiv zu verbreiten. Immer noch wird die »Fetthysterie« geschürt. Nach Empfehlungen der DGE soll man auch nur eine 70 Gramm Portion fetten Fisch pro Woche essen und nur zwei- bis dreimal eine Portion Fleisch. Auf dem meist kohlenhydratüberladenen Sportlerteller findet man nur allzu selten genügend Omega-3-Quellen, dafür umso mehr von den Konkurrenten, den Omega-6-Fettsäuren. Denn der »aufgeklärte« Sportler bediente sich in den letzten Jahrzehnten reichlich aus der Abteilung Pflanzenfette als Getreide in Form von Brot, Müsli und so weiter oder als Reinfette wie Margarine, Mais-, Sonnenblumen- und Distelöl. Man muss davon ausgehen: Sportler haben im Prinzip einen deutlichen Überschuss an Omega-6-Fettsäuren. Dieses Missverhältnis fördert beispielsweise die Entzündungsneigung, was für Sportler besonders beunruhigend ist. Um die Leistungsfähigkeit und Gesundheit zu erhalten, sollten auch Sportler Fette nicht nur aus Geschmacksgründen in die tägliche Kost einplanen. Und zwar die richtigen und im richtigen Verhältnis.

Die Empfehlungen für die Sportlerpraxis lauten daher: Mehr fetten Kaltwasserfisch, Walnüsse, Rapsöl und Leinöl in den täglichen Mahlzeitenplan aufnehmen. Zur Reduktion der Omega-6-Fette Fertigprodukte, Margarine und Getreide in der Nahrung reduzieren. Auch hier liegt das Konzept der Low-Carb-Ernährung auf der richtigen Linie. Die bei Low-Carb vorgesehene Reduktion des Getreideanteils optimiert neben vielen weiteren Faktoren eben auch gleichzeitig die Fettsäurenbalance. Neben dem optimalen Verhältnis der Omega-3- und Omega-6-Fettsäuren gilt es ebenfalls, noch die Zufuhr sogenannter Transfettsäuren zu beachten. Die Fettempfehlungen wären also nicht vollständig, ohne ein paar Worte zu den industriell gehärteten Fettvarianten anzubringen. Deren gesundheitsgefährdende Wirkung ist belegt (Mozaffarian 2009). Sie führen zu einer ungünstigen Verschiebung der Cholesterinunterfraktionen HDL und LDL. Das gefäßschützende HDL wird reduziert und das sogenannte »schlechte« LDL erhöht. Somit steigt die Gefahr für arteriosklerotische Ablagerungen in den Gefäßwänden. Da Transfettsäuren auch in die Produktion von Gewebshormonen eingreifen, können Autoimmunkrankheiten und Insulinresistenzen gefördert werden. Außerdem wirken Transfettsäuren entzündungsfördernd.

Harter Tobak. Wurde doch jahrzehntelang dringend vor dem Gebrauch tierischer Fette wie zum Beispiel Butter gewarnt und zum regelmäßigen Gebrauch von pflanzlichen Fetten wie Margarine geraten. Nun wissen wir: Wer sich diesen Warnungen widersetzte und Butter genoss, tat seiner Gesundheit mehr Gutes als derjenige, der sein morgendliches Brötchen mit Margarine bestrich. Letztere wurden möglicherweise sogar mit einem Herzinfarkt bestraft, den sie ja eigentlich verhindern wollten (Clifton 2004). Da die Wirkungen von Transfetten sehr beunruhigend sind, wird ihr Anteil in Nahrungsmitteln in manchen Staaten sogar per Gesetz eingeschränkt! So unter anderem geschehen in Kalifornien, wo eine Regelung ab 2010 vorsieht, alle Transfette in Restaurants und ab 2011 auch innerhalb jeglicher Nahrungsmittelproduktion für den Einzelhandel zu verbieten.

Für Sportler bedeutet das schlussendlich: In Kombination mit einem Ausdauertraining können weniger Kohlenhydrate und mehr Fette in der Ernährung leistungsfördernd sein. Denn bei Umstellung auf eine erhöhte Fettverbrennung können die knappen Glykogenreserven geschont und für Spitzenbelastungen innerhalb einer Ausdauereinheit abgerufen werden. Ein Fatloading ist insbesondere bei mehrstündiger Belastung, wie sie bei Radfahrern oder Triathleten vorkommt, empfehlenswert. Kurz vor einem Wettkampf kann ein Carboloading sehr effektiv zu einer Superkompensation der Kohlenhydratspeicher führen, wenn im Vorfeld über Wochen eine Low-Carb-Kost eingehalten wurde. Gesundheitliche Vorteile ergeben sich aus dem richtigen Verhältnis der Omega-3- und Omega-6-Fettsäuren und dem möglichst geringen Verzehr von Transfetten. Mehr Fett und weniger Kohlenhydrate zünden letztendlich besonders im Ausdauersport den Muskelturbo!

Weniger Körperfett für mehr Leistung.

Kapitel 6

Trotz regelmäßigen, intensiven Sportes beklagen sich viele über unliebsame Pfunde. Das verdeutlicht: Für viele reicht ein kurzfristig erhöhter Verbrauch von Kalorien zur Gewichtsabnahme nicht aus. Kraftzehrender Sport macht ja auch wieder mehr Hunger, und dann isst man gerne etwas mehr. Es muss also auch etwas an der Ernährung verändert werden. Dabei ist der Abbau von Körperfett nicht nur aus optischen Gründen für einige Sportler erstrebenswert. Im Leistungssport ist bei verschiedenen Disziplinen auch das Erreichen eines optimalen Wettkampfgewichtes von größter Bedeutung. Um ihre angestrebte Gewichtsklasse erreichen zu können, müssen zum Beispiel Wettkämpfer aus den Bereichen Boxen, Judo, Gewichtheben oder Rudern ihr Gewicht entsprechend streng kontrollieren.

Um kurz vor einem Wettkampf noch die dazu nötigen Pfunde zu verlieren, wenden nicht wenige Sportler zum Teil fragwürdige Methoden an. Das »Gewichtmachen« durch extrem häufige Saunabesuche und/oder kompletten Flüssigkeitsverzicht ist dabei besonders weit verbreitet. Hierbei sinkt durch den starken Wasser- und Mineralstoffverlust oft nicht nur die Leistungsfähigkeit, ebenso stellen zum Beispiel erhöhte Krampfanfälligkeit oder Herzrhythmusstörungen ernst zu nehmende gesundheitliche Beeinträchtigungen dar. Besser ist es, über Wochen und Monate hinweg die Ernährung so zu gestalten, dass rechtzeitig das gewünschte Wettkampfgewicht erreicht werden kann.

Und wirft man einen genauen Blick auf die Vielzahl von Hobby- und Freizeitsportlern, die regelmäßig Fitness in Form von Ausdauer- oder Krafttraining betreiben, stellt man fest, dass nur deswegen viele zum Sport gehen, um ihr Gewicht zu reduzieren. Gemäß einer Online-Umfrage eines Lifestyle-Magazins zu Beginn des Jahres 2009 würden 76 Prozent der Männer gerne zwischen fünf und zehn Kilo und fünfzehn Prozent sogar 25 Kilo Gewicht verlieren. Allerdings lehrt die Erfahrung: Leider viel zu viele Menschen walken, joggen oder radeln durch die Waldlandschaften der Republik oder schwitzen mehrere Stunden pro Woche in einem Fitnessclub, ohne nennenswerte Fortschritte bei ihrem angestrebten Gewichtsverlust zu erzielen. Widerrede gilt nicht – eine Ernährungsumstellung muss sein. Denn eines ist doch klar: Wer zum Beispiel dreimal täglich »normal« isst, hat stolze 21 Gelegenheiten pro Woche, ungünstige Nahrung und unpassende Nährstoffe zu vertilgen. Wie sollen da zwei, drei oder vier Stunden Training in der Woche diese »Ernährungsfehler« wettmachen!? Es ist viel leichter, 300 Kilokalorien über eine Ernährungsumstellung einzusparen, als diese Menge Kalorien durch Sport zu verbrennen. Wer sein Ziel, Gewicht zu verlieren, erreichen will, muss also nicht nur Sport treiben, sondern auch die tägliche Ernährung anpassen.

Zwar existieren zur Übergewichtstherapie mehr als genügend Diätkonzepte und Lehrmeinungen. Die meisten sind allerdings im Endeffekt auf ein Prinzip zugeschnitten: Iss fettarm und kohlenhydratreich. Seit Jahrzehnten bereits gilt auch in den Fachgesellschaften diese Ernährungsweise als Optimum für eine Gewichtsreduktion. Sowohl die Ernährungswissenschaft als auch Verbrauchermagazine und Frauenzeitschriften haben sich entsprechend fast einheitlich auf Fett als Hauptverursacher von Übergewicht eingeschossen. Eine ganze Schar an Lebensmittelproduzenten liefert mit fettarmen und kohlenhydratreichen Nahrungsmitteln die passenden Produkte zur Umsetzung dieses Dogmas.

Mitochondrien

Diese Energiekraftwerke kommen in allen Zellen vor, die einen hohen Energieverbrauch haben. In ihnen werden Glukose und Fettsäuren zu Energie umgewandelt. Muskelaufbau oder zumindest -erhalt kann zur Stabilisierung des Energieumsatzes beitragen, da wichtige Mitochondrien erhalten bleiben.

Wie kam es dazu? Einer der Gründe für diese Empfehlung liegt im hohen Energiegehalt von Nahrungsfetten. Er ist mit knapp neun Kilokalorien pro Gramm tatsächlich mehr als doppelt so hoch wie der Energiegehalt von Kohlenhydraten und Eiweiß (jeweils circa vier Kilokalorien pro Gramm). Um Kalorien einzusparen und den Stoffwechsel zum Abbau von Körperfett anzuregen, solle man folglich sinnvollerweise versuchen, Fett einzusparen und stattdessen reichlich Getreideprodukte & Co. zu essen. Unzählige wissenschaftliche Untersuchungen haben dieses Konzept überprüft. Aber es kam immer wieder dabei heraus: Fettarme Ernährung funktioniert nicht. Auch zur Vorbeugung gegen Übergewicht hat »Low-Fat« nicht funktioniert. Während überall in den westlichen Industriestaaten der Fettanteil der Nahrung in den letzten Jahrzehnten gesunken ist, wurde diese »Einsparung« durch einen vermehrten Kohlenhydratkonsum nicht nur kompensiert, sondern es wurden mit dieser Kostumstellung sogar mehr Kalorien zugeführt als vorher.

Das heißt: Es gibt gar keinen direkten Zusammenhang zwischen dem Fettkonsum und dem Auftreten von Übergewicht! In einer über zehn Jahre hinweg durchgeführten Analyse des Ernährungsverhaltens von knapp 3.000 Personen aus verschiedenen Städten der USA konnte zum Beispiel festgehalten werden: Diejenigen, die am meisten Fett und Ballaststoffe verzehrten, wiesen sogar das geringste Körpergewicht auf (Ludwig 1999)! Jeff Volek von der University of Connecticut meint hierzu: »Jahrelang wurden Low-Fat-Diäten zur Reduktion von Übergewicht empfohlen. Allerdings wird ihre Effektivität seit einiger Zeit bestritten. Unter anderem deswegen, da die Zahl der Übergewichtigen, trotz sinkender Zufuhr an Nahrungsfetten, weiter ansteigt.« Zwar lässt sich, wie bereits beschrieben, mit einer bewussten fettreduzierten Diät Körpergewicht verlieren. Doch sind solche kohlenhydratbetonten Diäten meist auch recht eiweißarm. Sinkt damit die tägliche Kalorienzufuhr deutlich unter den eigentlichen Bedarf, kommt es zwar zu einer negativen Energiebilanz – der Voraussetzung für eine Gewichtsreduktion – jedoch kommt es im Rahmen einer solchen klassischen Low-Fat-Ernährung zu höherem Verlust an Muskelmasse, als es einem lieb sein kann. Denn der Stoffwechsel ist gezwungen, AS aus dem Muskelgewebe zu rekrutieren, um verschiedenste Körperfunktionen aufrechterhalten zu können. Der Muskulatur kommt im Hinblick auf eine Gewichtsreduktion eine zentrale Rolle zu. In den »Kraftwerken der Muskelzellen« (Mitochondrien) wird ein Großteil der vor allem im Ruhezustand benötigten Energie aus der Fettsäureverbrennung gewonnen. Eines der Hauptprobleme, welches während und vor allem nach einer Gewichtsreduktion auftritt, ist der Einbruch im täglichen Kalorienverbrauch durch zum Teil hohe Verluste an Muskelmasse. Tritt dies bei Sportlern ein, ist außerdem mit erhöhter Verletzungsanfälligkeit und/oder Kraftverlust zu rechnen. Durch mehr Protein kann dieses Problem reduziert oder teilweise sogar verhindert werden! In einem Vergleich zweier kaloriengleicher Diätmaßnahmen, von denen die eine 0,8 und die andere 1,4 Gramm Eiweiß pro Kilogramm Körpergewicht enthielt, konnte die High-Protein-Gruppe wesentlich effektiver ihre Muskelmasse stabilisieren als die Gruppe mit moderatem Proteinanteil (Leidy 2007).

Der Erhalt von Muskelmasse durch proteinbetonte Nahrung (im Idealfall kombiniert mit einem Krafttraining) kann daher sowohl zur Stabilisierung des Kraftniveaus als auch des täglichen Energieverbrauchs beitragen. Die Autoren dieses Fachartikels, veröffentlicht im Obesity Research im Jahr 2007, kommentieren dies wie folgt: »Zusammenfassend führt eine kalorienreduzierte High-Protein-Ernährung zum besseren Erhalt der Muskelmasse, bei gleichzeitigem Verlust von Körpergewicht und Körperfett, zusammen mit guter Sättigung und erhöhter allgemeiner Zufriedenheit.« (Leidy 2007). Dem ist nichts hinzuzufügen.

> ## Metabolisches Syndrom
>
> Unter metabolischem Syndrom (auch als Syndrom X bekannt) versteht man das zeitgleiche Auftreten von Bluthochdruck, Typ-2-Diabetes, erhöhten Blutfettwerten und Übergewicht. Diese Kombination ist stark gefürchtet, da sie das Risiko für Herzinfarkt oder Schlaganfall deutlich erhöht.

Sättigung und Sattheit – ein ganz wichtiges Thema im Zusammenhang mit Gewichtskontrolle. Denn man muss dauerhaft eine negative Energiebilanz ohne Hungerqualen erzielen können. Da ist die Wirkung auf Sättigung und Sattheit entscheidend.

Unter experimentellen Bedingungen essen Menschen von Tag zu Tag eine in Volumen und Gewicht relativ konstante Nahrungsmenge. Dies erklärt sich damit, dass ein wesentliches Sättigungssignal über die Dehnung der Magenwand ausgelöst wird. Volumen und Gewicht der Nahrung sind hierfür die entscheidenden Größen. Da der Magen den Energiegehalt der darin enthaltenen Speise nicht wahrnimmt, erhöhen Mahlzeiten, die pro Volumen- beziehungsweise Gewichtseinheit viel Energie liefern, das Risiko einer positiven Energiebilanz. Umgekehrt fördern Mahlzeiten mit niedrigem Energiegehalt bei gleichem Volumen und Gewicht, also bei vergleichbarer Sättigungswirkung aber niedriger Energiedichte, das Erzielen einer ausgeglichenen beziehungsweise negativen Energiebilanz und somit die Gewichtskontrolle. Das heißt: Je schwerer und voluminöser die Mahlzeit, desto schneller und stärker die Sättigung – unabhängig von ihrem Energiegehalt. Denn der Magen weiß schließlich nicht, WAS wir gegessen haben, sondern nur WIE VIEL.

Nahrungsfette weisen zwar eine mehr als doppelt so hohe Energiedichte auf als Kohlenhydrate oder Eiweiß, doch kann die Energiedichte einer entsprechend komponierten Mahlzeit unabhängig vom Fettgehalt erheblich variieren. Kontrollierte Experimente belegen beispielsweise, dass unter einer Ad-libitum-Kost mit 39 Prozent Fettanteil und einer Energiedichte von 124 Kilokalorien pro 100 Gramm um 314 Kilokalorien weniger Energie pro Tag aufgenommen wurde als unter einer Kost, die nur 21 Prozent Fett, aber eine Energiedichte von 158 Kilokalorien pro 100 Gramm lieferte. Zur Erklärung: Ad libitum bedeutet, es darf so viel gegessen werden, wie man möchte. Entsprechend hat sich die hohe Energiedichte als ein unabhängiger Risikofaktor für die Entwicklung von Übergewicht und metabolischem Syndrom herausgestellt (Worm 2002).

Der entscheidende Faktor ist der Wassergehalt der Nahrung. Für die meisten Nahrungsmittel gilt: Je höher der Wassergehalt, desto niedriger die Energiedichte. Gemüse, Salate und Obst sowie reines Muskelfleisch, Fisch und Geflügel sind sehr wasserreich und haben entsprechend eine sehr niedrige Energiedichte. So wird eine Mischkost mit relativ hohem Fettanteil dennoch eine niedrige Energiedichte aufweisen, wenn die Anteile an schweren und voluminösen, das heißt wasser- und ballaststoffreichen

Lebensmitteln hoch sind. Es zeigt sich, dass trotz eines Fettanteils von 65 Prozent eine niedrigere Energiedichte erreicht werden kann als bei einer Mahlzeit mit 22 Prozent Fett. Zur Prävention von Übergewicht wird eine Energiedichte von < 125 Kilokalorien pro 100 Gramm Nahrung (ohne Einbeziehung der Getränke) empfohlen. Unsere Durchschnittsernährung weist aber eine wesentlich höhere Energiedichte auf. In Deutschland und England beispielsweise circa 160 Kilokalorien pro 100 Gramm, in den USA circa 180 Kilokalorien pro 100 Gramm.

Die Senkung der mittleren Energiedichte der Nahrung gilt neben adäquater körperlicher Aktivität inzwischen als wichtigste Strategie zur Prävention und Therapie von Übergewicht. Dies lässt sich durch Bevorzugung von wasser- und ballaststoffreichen Nahrungsmitteln, wie Gemüse und Obst, aber auch Fleisch, Geflügel, Milchprodukte und Fisch, erreichen. Ein weiteres wesentliches Sättigungssignal, unabhängig von Volumen und Gewicht, wird über Eiweiß ausgelöst. So wird inzwischen auch eine Anhebung der Eiweißzufuhr als weitere wichtige Strategie zur Prävention und Therapie von Übergewicht angesehen. Dabei ist zu beachten, dass die lange gehegten Vorurteile gegen eine hohe Eiweißzufuhr wegen der angeblichen Gesundheitsgefährdung längst widerlegt sind.

Die günstigen Effekte von eiweißreichen Diäten bei der Gewichtskontrolle sind zudem noch auf den erhöhten Kalorienverlust durch die Wärmebildung bei der Eiweißverdauung zurückzuführen. Daten hierzu zeigen, dass diese Wärmebildung unmittelbar nach Verzehr einer proteinhaltigen Mahlzeit für vier bis fünf Stunden signifikant ansteigt und nach 2,5 Stunden bereits um 100 Prozent höher ausfällt als bei einer protein- und fettarmen Mahlzeit. Diese für Aufspaltung, Aufnahme, Transport und Umbau von Proteinen benötigten Kalorien können bereits einen wesentlichen Einfluss auf die Energiebilanz und das Körpergewicht ausüben. Circa 20 bis 35 Prozent der mit Eiweiß zugeführten Energie wird für die beschriebenen Prozesse direkt wieder verbraucht, wohingegen dieser Wert bei Kohlenhydratzufuhr »nur« zwischen 5 und 15 Prozent liegt. Diesen durch Nahrung eingeleiteten Energieverlust kann sich ein Sportler durch die vermehrte Beachtung von Proteinen in der Ernährung zunutze machen. Konkret bedeutet das: Mehr Protein zulasten der Kohlenhydrate resultiert in höherem Energieverbrauch und kann sich dadurch mittel- und langfristig positiv auf die Energiebilanz und die Reduktion beziehungsweise Stabilisierung des Körpergewichtes auswirken. Der gesteigerte Energieverbrauch fällt im Übrigen bei tierischen Proteinen höher aus als bei pflanzlichen (Paddon-Jones 2008).

Diese Erkenntnisse machen klar, warum Personen, die eine Low-Carb-/High-Protein-Ernährung einhalten, mehr Körperfett verlieren, als diejenigen, die sich an die Empfehlungen zur fettarmen und kohlenhydratreichen Ernährung halten.

An dieser Stelle soll der Begriff »Low-Carb« einmal definiert werden (Westman 2007):

Eine Kost, die bis zu 200 Gramm Kohlenhydrate am Tag enthält wird häufig als Low-Carb bezeichnet. Die erwünschten Veränderungen im Stoffwechsel erreicht man aber deutlicher, wenn die Kohlenhydratanteile auf weniger als 150 Gramm gesenkt werden.

- Sehr wenige Kohlenhydrate (Very-Low-Carbohydrate – 20 bis 50 Gramm Kohlenhydrate am Tag) führen typischerweise zur Bildung von Ketonen, die im Urin nachweisbar sind. Diese Ernährungsweise wird als Very-Low-Carbohydrate Ketogenic Diet (VLCKD) oder als Low-Carbohydrate Ketogenic Diet (LCKD) bezeichnet.

- Bei einer Kohlenhydratzufuhr zwischen 50 und 150 Gramm handelt es sich immer noch im Low-Carb. Eine Ketose erreichen die meisten Menschen damit nicht mehr.

In einer Untersuchung, in der die kurzzeitigen Effekte einer VLCKD mit einer Low-Fat-Diet – beide ad libitum zugeführt – verglichen wurde, kam heraus: Trotz der mit durchschnittlich 300 Kilokalorien energiereicheren Diät mit 63 Prozent Fett, 28 Prozent Eiweiß und 9 Prozent Kohlenhydraten verlor die VLCK-Gruppe mehr Gewicht und mehr Körperfett.

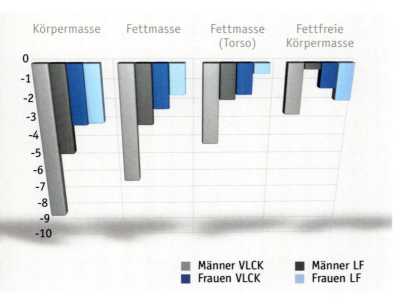

Volek JS. (2004). Vergleich zwischen kalorienreduzierten Ernährungsweisen, wobei die eine sehr wenig Kohlenhydrate und die andere wenig Fett enthielt, in Hinblick auf die Gewichtsreduktion und Körperzusammensetzung bei übergewichtigen Männern und Frauen.

Zwar ist das Erreichen der Ketose für eine Gewichtsreduktion nicht zwingend notwendig, jedoch scheint für die »Ad-libitum«-Versorgung zu gelten: Je weniger Kohlenhydrate, umso effektiver die kurzfristige Gewichtsreduktion. Bei einem Vergleich zweier Gruppen, in denen die erste einen Kohlenhydratanteil von vier Prozent und die zweite einen Anteil von 35 Prozent in ihrer Ernährung hatte, konnte festgestellt werden: Das Sättigungsgefühl fiel in der Gruppe mit ketogener Ernährung signifikant besser aus, ebenso der Verlust an Körpergewicht. Ein Teil des verlorenen Gewichtes hängt zwar stets mit der Verringerung von Zellwasser durch die Kohlenhydratreduktion zusammen, allerdings fällt auch der Körperfettverlust höher aus. Inzwischen liegen Metaanalysen von Low-Carb Diätkonzepten im Vergleich zu Low-Fat vor (Hession 2008). Demnach ist zumindest über ein Jahr hinweg Low-Carb deutlich effektiver für den Gewichtsverlust. Dennoch lautet die Empfehlung zur Therapie bei Übergewicht seitens der Fachgesellschaften wie der DGE und der Deutschen Adipositas-Gesellschaft noch immer: Die Fettaufnahme auf circa 60–80 Gramm pro Tag verringern bei nicht begrenztem Verzehr von Kohlenhydraten.

Was allerdings diese ungebremste Flut an Kohlenhydraten im Körper anrichtet, wird hierbei gar nicht berücksichtigt. Schaut man sich nämlich einmal genauer an, welche Wirkung reichlich Kohlenhydrate im Stoffwechsel erzielen, wird schnell klar, warum diese Ernährungsphilosophie neben den bisher genannten Gründen nicht optimal zum Abbau von Körperfett geeignet ist.

Blutglukose zügeln.

Insulin sorgt nicht nur dafür, dass Kohlenhydrate, sondern auch Aminosäuren und Fette aus dem Blut in die Zellen der Gewebe aufgenommen werden. So ist eine gewisse Insulinstimulation zur optimalen Aufnahme von AS oder Supplementen bei Sportlern teilweise sogar erwünscht, jedoch nur im begrenzten Rahmen. Denn ein erhöhter Insulinspiegel bremst die Fettverbrennung und fördert die Fetteinlagerung und somit die Füllung der Fettdepots. Erschwerend kommt hinzu: Insulin hemmt gleichzeitig den Abbau von Körperfett! Und da hauptsächlich Kohlenhydrate für einen Anstieg des Blutglukose- beziehungsweise Insulinspiegels infrage kommen, lohnt sich ein genauer Blick auf die Art und Menge der täglich in der Sporternährung zugeführten Kohlenhydrate. Gemäß den typischen Ernährungsempfehlungen für Sportler sollen Kohlenhydratträger den Löwenanteil der täglichen Nahrung ausmachen. Fest steht zwar, dass die Kohlenhydratspeicher zur optimalen Ausübung einiger Sportarten stets gut gefüllt sein sollten, allerdings gilt: Wenn die Speicher voll sind, sind sie voll. Alle weiteren, nicht mehr benötigten Kohlenhydrate werden dann in Fette umgewandelt und in die Speicherdepots geschickt. Es gelingt demnach relativ leicht, mit zu vielen und/oder ungünstigen Kohlenhydraten den Aufbau von Körperfett zu provozieren! Wie bereits beschrieben, provozieren Kohlenhydratquellen mit hohem glykämischen Index starke Insulinausschüttungen. Wahrscheinliche Folgen dieser übermäßigen Insulinausschüttung sind ein schnelles Absinken des Blutglukosespiegels in niedrige Konzentrationen, Heißhungerattacken, übermäßige Kalorienzufuhr bei der nächsten Mahlzeit und erhöhte Fettspeicherung. Weißmehlerzeugnisse (zum Beispiel Baguette oder Kuchen), Kartoffelprodukte (unter anderem Pommes frites oder Bratkartoffeln), viele Nudelsorten oder Zuckerhaltiges (wie zum Beispiel Süßigkeiten oder Eis) gehören zu der Gruppe der ungünstigen Kohlenhydrate und gelten als regelrechte Hungermacher. Diese gilt es möglichst deutlich zu reduzieren, um die Pfunde effektiv zum Purzeln zu bringen.

Denn: Je geringer der Insulinspiegel, umso effektiver die Freisetzung von Fetten aus den Speichern! Es empfiehlt sich daher, vor allem das Abendessen kohlenhydratreduziert zu gestalten, um die Fettfreisetzung zu später Stunde und zu Beginn des Schlafes zu gewährleisten. Vor allem beim Abendessen ist es zum Abnehmen sinnvoll, auf proteinreiche Nahrung (zum Beispiel Fleisch, Fisch oder Eier) umzusteigen, kombiniert mit zum Beispiel stärkearmem Gemüse oder Salaten. Diese Nahrungskombination bedingt eine schwächere Insulinausschüttung, und die Neigung zur Fetteinlagerung verringert sich. Anstatt sich das übliche Abendbrot einzuverleiben, können zum Beispiel Tomaten mit Mozzarella, ein Fischfilet mit Gemüse oder ein Salat mit Putenbruststreifen sinnvolle kohlenhydratarme Alternativen zum Brot sein. Werden keine Kohlenhydrate angeboten, muss der Körper seine Energie aus der Fettverbrennung beziehen! Dieses Prinzip gilt natürlich für alle Mahlzeiten. Aber beim Abendessen fällt uns das mit unseren üblichen Ernährungsgewohnheiten oft am leichtesten. Und: Wer abends viel Eiweiß isst, hat am nächsten Morgen weniger Hunger!

Das Ziel heißt also im Grunde nicht »Dinner Cancelling«. Vielmehr sollte allgemein die Kohlenhydratzufuhr eingeschränkt und dabei auch noch auf die Auswahl von Kohlenhydratquellen mit niedrigem GI geachtet werden. Unzählige aktuelle Untersuchungen belegen die deutlichen Vorteile einer kohlenhydratreduzierten Ernährung im Vergleich zur klassischen Low-Fat-Kost. Zum Beispiel konnte bei 60 Übergewichtigen innerhalb von sechs Monaten ein fast doppelt so hoher Verlust an Körperfett durch eine proteinreiche Kost (128 bis 139 Gramm Eiweiß pro Tag) im Vergleich zu den Probanden mit moderatem Proteingehalt (76 bis 80 Gramm Eiweiß pro Tag) erreicht werden (Paddon-Jones 2008). Aus einer anderen Untersuchung, die einen Zeitraum von über zwölf Monaten umfasste, geht hervor, dass die High-Protein-Gruppe ebenfalls deutlich mehr Gewicht verlor als diejenige Gruppe, die nur mittelmäßige Proteinmengen verzehrte (Paddon-Jones 2008).

Eine Schlussfolgerung aus diesen Untersuchungen ist: Bereits die Erhöhung der täglichen Eiweißzufuhr von 15 auf 18 Prozent (gemessen am Gesamttageskalorienbedarf) reduziert die Wahrscheinlichkeit einer Gewichtszunahme nach einer vorangegangenen Gewichtsreduktion. Eine im Sommer 2008 im New England Journal of Medicine veröffentlichte Studie zeigt, dass das Einhalten einer mediterranen Diät (35 Prozent Fettanteil) oder einer Low-Carb-Ernährung (täglich 20 Gramm Kohlenhydrate in den ersten zwei Monaten, danach 120 Gramm am Tag) innerhalb von zwei Jahren zu höheren Gewichtsverlusten führt als eine Low-Fat-Kost (maximal 30 Prozent Fettanteil). Wohingegen sich die Frauen und Männer der Gruppen mit mediterraner und fettarmer Ernährung an 1.500 beziehungsweise 1.800 Kilokalorien pro Tag richten mussten, gab es für die Low-Carb-Gruppe keinerlei Beschränkung hinsichtlich der täglichen Energiezufuhr (Shai 2008). Ungeachtet dieser Vorteile einer protein- und fettbetonten Ernährungsweise werden die Ergebnisse dieser Studie von der American Heart Association wie folgt kommentiert: »Die American Heart Association steht hinter ihren Ernährungsempfehlungen als effektiven Weg zur Reduktion und Stabilisation von Körpergewicht.« (AHA 2008). Und genau diese Richtlinien sehen noch immer vor: Fette reduzieren! Denn was nicht sein kann, darf auch nicht sein ...

Name: Mark Warnecke
Sportart: Schwimmen
Größte Erfolge: 3 x WM-Gold über 50- und 100-Meter-Brust,
7 Weltrekorde über 50-Meter-Brust,
4-malige Teilnahme an Olympischen Spielen
(1988, 1992, 1996 und 2000),
3. Platz Olympische Spiele 1996
Alter: 39 Jahre

Die Insulinfalle hatte bei mir zugeschnappt!

Stolze 120 Kilogramm wog ich nur ein paar Monate nach der verpatzten Olympiaqualifikation 2004. Ich beendete meine Schwimmkarriere und stellte von jetzt auf gleich jegliches Training ein. Da ich von Natur aus eher kräftig gebaut bin und schnell zu Übergewicht neige, war es kaum verwunderlich, dass ich innerhalb von ein paar Monaten drastisch an Gewicht zulegte. Wir sprechen über Herbst und Winter 2004, eine Zeit, in der ich immer wieder zu Süßigkeiten griff und meine Ernährung total aus dem Ruder lief. Zum Frühstück gab es bei mir häufig eine Scheibe Weißbrot mit Nuss-Nougat-Creme, mit der ich mich das ein oder andere Mal böse in die Insulinfalle begab. Denn trotz der für mich eigentlich relativ geringen Energiezufuhr mit einer Scheibe Brot plus Aufstrich, erlitt ich in den nachfolgenden Stunden regelmäßig Unterzuckerungssymptome.

Zu dieser Zeit stand ich häufig als Chirurg im OP und bemerkte, dass ich meine Arbeitszeit einfach schlechter durchhielt. Mir fiel auf, dass ich, wenn ich einmal etwas später aufstand und morgens nur Zeit für einen Kaffee blieb, ein paar Stunden später wesentlich fitter war als mit der morgendlichen Zucker-Weißmehl-Ration. Da kam mir die Idee, nach dem Fehler im System zu suchen. Zu schauen, was ich ändern muss, damit ich mich zum einen wieder wohler fühle und zum anderen mein Übergewicht loswerde. Kurz vor Weihnachten 2004 beschloss ich, meine Ernährung umzustellen. Ich erinnerte mich an eine Studie, aus der hervorging, dass eine Aminosäurensupplementation während einer Gewichtsreduktion wertvolle Muskelmasse erhalten kann. Daraufhin war für mich klar, dass ich zukünftig Aminosäuren in meiner täglichen Nahrung stärker berücksichtigen werde. Des Weiteren wurde mir die Zucker-Insulin-Problematik bewusst und die damit verbundene Fetteinlagerung. Weniger Kohlenhydrate und mehr Eiweiß war für mich eine logische Konsequenz aus der Analyse verschiedener Diät- und Ernährungskonzepte, um mein Gewicht runter zu bekommen.

Da ich doch hin und wieder gerne Brot esse, wollte ich meinen täglichen Kohlenhydratanteil allerdings nicht völlig runterfahren und landete letztlich bei einer Nährstoffverteilung, wie sie durch die heute bekannte LOGI-Ernährung erreicht wird. Die Resultate waren für mich beeindruckend. Noch nie hatte ich in so kurzer Zeit so mühelos und effektiv Körperfett verloren. Mein Abnehmtempo lag in den ersten Wochen bei 2,0 bis 3,5 Kilogramm pro Woche, sodass ich bereits nach circa drei Wochen mein Gewicht von 120 auf 110 Kilogramm reduziert hatte. Mein Frühstück bestand meistens aus Vollkornbrot mit Putenbrust und etwas Gemüse. Gefolgt von einem Mittagessen aus dem Wok, bestehend aus Tiefkühlgemüse und Pute. Ohne irgendeine der sogenannten Sättigungsbeilagen.

Das Abendessen gestaltete ich ebenfalls mit großen Mengen an Gemüse und einer Proteinquelle. In der Regel hielt ich mich an drei Mahlzeiten pro Tag und ergänzte meine Nahrung mit bis zu 120 Gramm einer von mir selbst zusammengestellten Aminosäurenkombination. Dieser Mix enthielt sowohl unentbehrliche als auch entbehrliche Aminosäuren, denn durch Messungen wurde mir klar, dass unter bestimmten Voraussetzungen gerade das Vorkommen an entbehrlichen Aminosäuren stark reduziert ist. Und so tüftelte ich an einer für mich passenden Kombination an Aminosäuren, die mir dazu verhalf, zügig meine ursprüngliche Fitness wieder zu erreichen.

Anfänglich dachte ich noch gar nicht daran, wieder ins Wasser zu steigen. Allerdings fühlte ich mich zunehmend besser, verlor weiter an Gewicht und stieg letztlich doch wieder ins Training ein. Ich arbeitete mich auf 95 bis 100 Kilogramm runter und erreichte bereits im Frühling 2005 eine tolle Form. Im September des gleichen Jahres schwamm ich in Montreal als ältester Schwimmweltmeister aller Zeiten zu Gold über 50-Meter-Brust. Nach meinem WM-Sieg erhielt ich Dutzende Anfragen von Athleten, die ebenfalls meine Aminosäurenmischung einnehmen wollten.

So entstand meine jetzige AMSport-Produktlinie, die unter anderem von Weltmeistern und Olympiasiegern wie Dara Torres oder Andrea Henkel genutzt wird.

Mehr Sättigung für optimalen Fettabbau.

Es wurde zwar schon einmal erwähnt, aber wegen der Bedeutung soll das an dieser Stelle noch einmal vertieft werden: Ein zusätzlicher Vorteil proteinreicher Ernährung ist die wesentlich bessere Sättigung im Vergleich zu den anderen Nährstoffen! In einer Untersuchung, in der die Probanden entweder ein Frühstück bestehend aus Eiern oder eine hinsichtlich der Grammzahl identische Menge an Bagels erhielten, fiel Folgendes auf: Das proteinreiche Frühstück führte zu einer deutlich länger anhaltenden Sättigung und einer geringeren Kalorienaufnahme beim später eingenommenen Mittagessen (Vander Wal 2005).

Das dadurch erreichte Energiedefizit wurde auch innerhalb von 24 Stunden nach dem Frühstück nicht mehr aufgeholt. Im Übrigen wurden diese Ergebnisse bei Übergewichtigen mit einem Body-Mass-Index zwischen 25 und 35 erzielt!

Daher: Für eine Gewichtsreduktion ist es vorteilhaft, mit einer Portion Eiweiß den Tag zu beginnen, da das hohe Sättigungsgefühl über Stunden erhalten bleibt und sich somit die weitere Kalorienaufnahme im Tagesverlauf reduzieren kann. Untersuchungen hierzu belegen, dass Menschen signifikant weniger Kalorien zu sich nehmen, wenn sie proteinreich essen, im Vergleich zu denen, die sich an die übliche fettreduzierte und kohlenhydratreiche Kost halten (Halton 2004, Leidy 2007, Paddon-Jones 2008).

Das Angenehme an einer solchen Ernährungsumstellung auf mehr Protein und weniger Kohlenhydrate ist unter anderem, dass sie von denjenigen, die sie durchführen, als genauso komfortabel, aber sättigender und befriedigender empfunden wird, als ihre bisherige Ernährung. Denn einer der häufigsten Gründe für das mangelnde Einhalten eines Ernährungskonzeptes zur Gewichtsreduktion ist das Auftreten von Hunger! Es ergeben sich daher häufig nur wenige Probleme in der konkreten Umsetzung einer Low-Carb-Kost.

Reduktion von Körperfett – Step by Step.

Der erste Schritt lautet: Reduktion des täglichen Kohlenhydratanteils. Besonders solche Kohlenhydratquellen, die einen starken und schnellen Anstieg des Blutglukosespiegels mit sich bringen, einschränken. Demnach sollten Produkte mit hohem Anteil an Stärke und geringem Ballaststoffanteil, also Getreideprodukte aus raffiniertem Mehl, weißer Reis, mehlige Kartoffeln und Kartoffelprodukte, Haushaltszucker, Traubenzucker, Süßigkeiten, Kuchen, Gebäck und Softdrinks (Cola et cetera) weitgehend gemieden werden. Ballaststoffreiche Kohlenhydratquellen wie zum Beispiel Vollkornbrot, Vollkornmüsli, Vollkornnudeln, Vollkornreis und Hülsenfrüchte sollten je nachdem, wie viel Körperfett abgebaut werden soll, leicht bis stark reduziert werden – das allerdings auch immer in Abhängigkeit vom Trainingsumfang. Je häufiger und intensiver ein Sportler trainiert, umso mehr Kohlenhydrate kann er ohne Schwierigkeiten durch Muskelarbeit verbrennen. Selbst beim Obst muss man sich zurückhalten. Am besten geeignet sind noch Beeren.

Während einer Gewichtsreduktion sollten als Sättigungsgrundlage vorwiegend Gemüse und Salate verzehrt werden. Sie enthalten relativ wenig Kohlenhydrate.

Der schnellste und stärkste Abnehmerfolg ist mit einer ketogenen Ernährung mit 20 bis maximal 50 Gramm Kohlenhydraten pro Tag zu erzielen. Zu berücksichtigen gilt es hierbei: Bis sich der Stoffwechsel an die Verwertung von Fettsäuren und Ketonkörpern gewöhnt hat, kann es vorübergehend zu Leistungseinbrüchen beim Training kommen. Es sollten daher keine Wettkämpfe oder außergewöhnlich intensive Trainingseinheiten in dieser drei- bis vierwöchigen Phase der Ketoadaptation eingeplant werden.

Schritt zwei ist die Erhöhung des Proteinanteils. Der Plan lautet: Bei jeder Mahlzeit eine große Portion Eiweiß essen. Dabei sollte das Augenmerk auf ein proteinhaltiges Frühstück gelegt werden, um eine langanhaltende Sattheit zu erzielen. Proteinreiche Mahlzeiten reduzieren das Risiko für Heißhungerattacken und vermeiden unnötige Zwischenmahlzeiten. Weiterhin erhält proteinreiche Nahrung zu einem größeren Anteil wertvolle Muskelmasse als proteinarme Kost. Wie schon erwähnt: Zusätzlicher Nutzen ergibt sich aus der verstärkten Wärmebildung durch die Eiweißverdauung. Ein Teil der durch Eiweiß gelieferten Kalorien wird durch die aufwendigen Verdauungsprozesse direkt wieder verbrannt. Auf diese Weise lässt sich recht leicht die tägliche Kalorienzufuhr verringern, um eine leicht negative Energiebilanz zu erzielen. Trotzdem bleibt der Stoffwechsel in Schwung, und das Training kann fortgeführt werden.

So ist auf hochwertige Proteinquellen wie Hähnchen, Fischfilet, Eierspeisen, Quark oder weitgehend naturbelassene Sojaprodukte, die eine optimale Versorgung mit Aminosäuren sicherstellen, zu achten.

In vielen Fällen hat es sich als erfolgreich herausgestellt, wenn zwischen den Mahlzeiten mehrere Stunden ohne Nahrungszufuhr eingehalten werden. In dieser Zeit kann durch den niedrigen Insulinspiegel der Fettabbau optimal stimuliert werden. Eine weitere Aufteilung auf nur zwei Mahlzeiten bringt offensichtlich keinen zusätzlichen Nutzen. Im Gegenteil. Durch drei Mahlzeiten am Tag lässt sich eine bessere Sättigung im Tagesverlauf erzielen.

Die Inhalte eines Frühstücks haben dabei einen signifikanten Einfluss auf die Energiezufuhr beim Mittagessen. In einer 2008 vorgelegten Studie fiel der Kaloriengehalt beim Mittagessen nach einem Frühstück mit niedrigem glykämischen Index um 100 bis 150 Kilokalorien geringer aus als nach Verzehr eines hoch glykämischen Frühstücks. Insgesamt nehmen Menschen, die ein gesundes Frühstück essen, in der Regel auch tagsüber mehr Gemüse, Obst und Wasser zu sich. Somit wird für frühstückende Personen häufig ein Trend zur allgemein gesünderen Nahrungsauswahl beschrieben. Im Übrigen verbessert ein gesundes Frühstück auch die Gedächtnisleistung, die Aufmerksamkeit und das Konzentrationsvermögen (Giovannini 2008).

Mehr für die Gesundheit tun: Die LOGIsche Alternative.

Eine Kostform, die alle beschriebenen Forderungen erfüllt, ist in den letzten Jahren unter dem Namen »LOGI-Methode« bekannt geworden (Worm 2003, Worm 2007). Sie stützt sich unter anderem auf die LOGI-Pyramide, die Ende der 1990er-Jahre von der Arbeitsgruppe um Prof. David Ludwig an der Harvard Universitätsklinik vorgestellt wurde (Ludwig 2000). LOGI gilt als Low-Carb-Ernährung, wobei der tägliche Kohlenhydratanteil bei circa 20 bis 30 Prozent liegt.

LOGI stand nach David Ludwig ursprünglich für Low Glycemic Index und strebt eine Ernährungsform mit möglichst niedrigem glykämischen Index an. Aber das eigentliche Ziel dieser Ernährungsumstellung ist ja eine Senkung der nach dem Essen auftretenden Blutzucker- und Insulinkonzentrationen. Die Kohlenhydratmenge hat darauf einen etwas größeren Einfluss als die Kohlenhydratqualität. Um also niedrige Blutzucker- und Insulinkonzentrationen zu erzielen, gilt es nicht nur, Nahrungsmittel mit niedrigerem GI zu bevorzugen, sondern auch eine Senkung der Kohlenhydratmenge anzustreben – das heißt die glykämischen Last zu senken. Entsprechend ist der Begriff LOGI von Nicolai Worm durch Low Glycemic and Insulinemic Diet neu besetzt worden.

Für die Praxis heißt das, dass stärke- und glukosereiche Nahrungsmittel nur in geringen Mengen zugelassen sind. Die Basis der LOGI-Ernährung (also die erste Ebene der LOGI-Pyramide) bilden hingegen stärkearme Gemüse, Salate und Früchte in Kombination mit eiweißreichen Nahrungsmitteln. Gleichzeitig wird bei dieser Ernährungsmethode auf eine hohe Fettqualität durch Betonung der einfach ungesättigten Fettsäuren und des günstigen Verhältnisses von Omega-6- zu Omega-3-Fettsäuren geachtet.

Für die praktische Umsetzung ist es von großer Bedeutung, dass bei LOGI ad libitum gegessen werden kann, also so viel wie man möchte. Eingeschränkt werden in erster Linie Nahrungsmittel mit hohem glykämischen Index. Kalorien zählen ist jedoch nicht erforderlich. Durch die hohe Sättigungswirkung dieser Kost kommt es spontan zu einer Senkung der Energiezufuhr. Trotz eines Anstieges der relativen Anteile von Protein und Fett an der Energiezufuhr kommt es wegen der eingeschränkten Nahrungsaufnahme absolut betrachtet nicht zwingend zu einer Steigerung der Fettzufuhr. LOGI ermöglicht also wegen der hohen Sättigungswirkung, der lang anhaltenden Sattheit, bei hoher Nährstoffdichte und hohem Ballaststoffgehalt, und der sehr geringen Energiedichte dauerhaft eine relativ niedrige Kalorienzufuhr. Das heißt: Essen nach LOGI macht schneller und länger satt, da die verzehrten Lebensmittel viele Nähr- und Ballaststoffe enthalten. Damit erklärt sich, warum im Allgemeinen nicht nur sehr einfach einem Gewichtszuwachs vorgebeugt werden kann, sondern auch eine effektive Gewichtsabnahme erzielt werden kann.

Bisher wird LOGI zwar noch nicht »offiziell« als wirksames Ernährungskonzept anerkannt, jedoch hat die Wissenschaft die zahlreichen Vorteile einer Nährstoffumverteilung, wie sie bei LOGI erfolgt, schon längst hinreichend belegt. Immer mehr international anerkannte Fachinstitutionen nähern sich in ihren Ernährungsempfehlungen an diese Position an. Besonders Übergewichtige, Zuckerkranke und Menschen mit metabolischem Syndrom profitieren von einer Umstellung auf diese Ernährungsweise. Außerdem zeigt sich, dass LOGI auch für Sportler interessant ist, da dieses Konzept mehrere Ziele einer Sporternährung vereint.

Die LOGI-Pyramide teilt Lebensmittel nach ihrer Blutzuckerwirkung ein.

Die LOGI-Pyramide nach Prof. Dr. Dr. David Ludwig (Harvard Universitätsklinik, Boston USA); übersetzt und modifiziert von Dr. Nicolai Worm mit Genehmigung des Autors.

Letzte Stufe: Sehr starke Blutzuckerwirkung – selten verzehren!

Getreideprodukte aus raffiniertem Mehl (Weißmehl) wie Weißbrot und -brötchen, Kartoffeln, Kartoffelprodukte, geschälter Reis, Süßwaren und gesüßte Erfrischungsgetränke lassen den Blutzuckerspiegel am stärksten Achterbahn fahren. Das fördert den Hunger auf weitere Kohlenhydrate, und deswegen sollten die Produkte dieser Lebensmittelgruppe nur selten verzehrt werden.

Dritte Stufe: Starke Blutzuckerwirkung – in Maßen genießen!

Vollkornprodukte wie Vollkornbrot, Vollkornnudeln, Nudeln, Mais und brauner Reis sollten nur in Maßen verzehrt werden. Die absolute Menge ist von verschiedenen Faktoren abhängig. Verzehr nach der Faustregel: Je dicker der Bauch und je geringer die sportliche Aktivität, desto weniger Kohlenhydrate sollten auf dem Teller landen.

Zweite Stufe: Geringe Blutzuckerwirkung – täglich zu jeder Mahlzeit verzehren!

Oft hört man Vorurteile, dass bei LOGI täglich Fleisch empfohlen wird. Das ist nicht ganz richtig – die Abwechslung der Eiweißquellen ist sogar von Vorteil. Neben Fleisch gehören Eiweißlieferanten wie Fisch, Meerestiere, Milch- und Milchprodukte, Hülsenfrüchte, Nüsse, Käse und Eier regelmäßig auf den LOGIschen Speiseplan. Zum Beispiel pro Woche drei- bis viermal Fleisch und zwei- bis dreimal Fisch. Täglich zwei bis drei Portionen Milch und Milchprodukte sowie regelmäßig Hülsenfrüchte und Eier.

Basis: Geringe Blutzuckerwirkung – täglich reichlich zu jeder Mahlzeit verzehren!

Zwei Portionen zuckerarmes Obst wie Beeren und drei Portionen stärkefreies Gemüse und Salate lautet die Empfehlung für diese Lebensmittelgruppe. Hochwertige Öle wie Olivenöl und Rapsöl sollten großzügig in die Mahlzeiten integriert werden.

Zum einen liefert LOGI durch den hohen Proteinanteil ausreichend der für Sportler nötigen AS. Zum anderen können zum Beispiel hoch glykämische Nahrungsmittel (zum Beispiel Kartoffeln, Weißmehlprodukte und Zuckerhaltiges) sinnvoll genutzt werden, um zum Beispiel die Glykogenspeicher unmittelbar nach dem Training optimal zu füllen. Da körperliche Aktivität zu einer erhöhten Insulinsensibilität der Zellen führt, wird bei Verzehr hoch glykämischer Nahrungsmittel nach dem Sport ohnehin weniger Insulin benötigt als unter Ruhebedingungen. Für Leistungssportler gibt es nach LOGI beim Obst keine Einschränkung. Die Sorten, die reichlich Kohlenhydrate enthalten (zum Beispiel Bananen, Kirschen und Trauben), können als optimale Mahlzeit zur Glykogenspeicherung nach dem Sport eingesetzt werden. Mehr dazu später.

Im Vergleich zur klassischen kohlenhydratreichen Ernährung nehmen Sportler mit LOGI deutlich mehr Vitalstoffe auf. Hier einmal eine Gegenüberstellung zweier Tagespläne, wobei einer nach DGE-Vollwertkost und der andere nach LOGI erstellt ist. Zu sehen sind einige ausgewählte Mineralstoffe, Spurenelemente und Vitamine, die durch 2.300 Kilokalorien nach Low-Fat beziehungsweise LOGI aufgenommen werden (Mangiameli 2005):

	Soll	IST – DGE	IST –LOGI
Wasser	1,75 l	1,56 l	2,15 l
Vitamin D	5 µg	2,6 µg	53,6 µg
Vitamin E	12 mg	15,5 mg	20,7 mg
Vitamin B$_1$	1,3 mg	1,95 mg	3,15 mg
Vitamin B$_2$	1,7 mg	2,25 mg	4,38 mg
Niacinäquivalent	18 mg	52,9 mg	107,4 mg
Pantothensäure	6 mg	10,42 mg	20,37 mg
Vitamin B$_6$	1,8 mg	3,06 mg	6,05 mg
Biotin	30 µg	78 µg	152,4 µg
Folsäure	300 µg	449 µg	653 µg
Vitamin B$_{12}$	3 µg	1,3 µg	17,9 µg
Vitamin C	75 mg	241,8 mg	296 mg
Natrium	0,55 g	2,14 g	3,09 g
Kalium	2 g	5,1 g	6,7 g
Calcium	800 mg	934 mg	1129 mg
Magnesium	350 mg	453 mg	529 mg
Phosphor	1,2 g	2,1 g	3,3 g
Eisen	10 mg	18,3 mg	24,9 mg
Zink	9,5 mg	16,3 mg	23,3 mg
Kupfer	1,5 mg	3,1 mg	3,5 mg
Mangan	2 mg	10,08 mg	4,69 mg
Fluoride	1,5 mg	0,87 mg	0,92 mg
Jod	180 µg	107 µg	263 µg

Hochwertige Pflanzenöle, wie zum Beispiel Raps- oder Olivenöl, gehören unbedingt zu dieser ausgewogenen Ernährungsphilosophie und liefern unter anderem wertvolle Omega-3-Fettsäuren. Wer sich nach LOGI ernährt, wird circa 40 bis 50 Prozent seiner Tageskalorien in Form von Fetten zu sich nehmen. Werden gleichzeitig die Kohlenhydrate eingeschränkt, wird der Körper zunehmend an die Verwertung von Fettsäuren zur Energiegewinnung gewöhnt. Wie bereits beschrieben, ist dies ein erstrebenswerter Effekt in Ausdauersportarten. Nach einer Anpassungsphase von wenigen Wochen kann eine LOGI-Kost mühelos die notwendige Energie für Ausdauerathleten sicherstellen.

Eiweißreiche Nahrungsmittel wie Fleisch, Fisch, Meerestiere, Eier, Hülsenfrüchte, Sojaprodukte, Nüsse und Milchprodukte bilden die zweite Ebene auf der LOGI-Pyramide. Hiervon soll neben stärkefreiem Gemüse, Salaten, Pilzen, Beeren und Früchten am meisten gegessen werden. Der bei LOGI erzielte Eiweißanteil von circa 30 Prozent führt zu einer guten Sättigung und kann helfen, die tägliche Kalorienzufuhr im Griff zu halten. Dadurch lässt sich langfristig das Körpergewicht einfacher stabilisieren als mit einer kohlenhydratreichen Ernährung. Des Weiteren liefert proteinreiche Nahrung für Sportler wichtige Aminosäuren, deren Effekte bereits im Kapitel »Eiweiß als Treibstoff für die Sportskanone« beschrieben wurden.

Sportler kommen mit LOGI leicht auf den angestrebten Eiweißanteil von circa 1,2 bis 1,5 Gramm pro Kilogramm Körpergewicht. Dadurch kann der Muskelaufbau gefördert und die Regeneration optimiert werden. Für die Auswahl der Eiweißquellen gilt eines: Vielseitigkeit! Und es dürfen Milchprodukte und Fisch mit hohem Fettanteil bevorzugt werden. Zum einen ist eine Anhebung des Fettanteils durch LOGI im Rahmen der Sporternährung nicht nur unproblematisch, sondern sogar erwünscht, zum anderen würde man zum Beispiel durch fettarmen Fisch natürlich auch weniger gesunde Omega-3-Fettsäuren zuführen. Für Sportler, die sich vegetarisch ernähren, ist die Umstellung auf LOGI etwas aufwendiger. Da je nach Vegetarismusform Fleisch, Fisch, Eier und/oder Milchprodukte wegfallen, müssen vor allem die pflanzlichen Eiweißquellen der LOGI-Ebene zwei (Hülsenfrüchte, Nüsse, Samen und Sojaprodukte) stärker berücksichtigt werden. Glücklicherweise enthalten zum Beispiel Hülsenfrüchte Kohlenhydrate mit niedrigem bis mittlerem glykämischen Index, sodass der Glukosespiegel im Blut auch durch eine erhöhte Zufuhr dieser pflanzlichen Proteinträger keinen starken Schwankungen unterworfen ist.

Nach LOGI sollte bei jeder Hauptmahlzeit eine große Portion Eiweiß auf dem Teller landen. Stärkehaltige Sättigungsbeilagen werden einfach weniger beachtet oder sogar ganz gestrichen. Ein gänzlicher Verzicht ist jedoch nicht notwendig. Denn LOGI betrachtet sich als dauerhaftes Ernährungskonzept, in dem alle Lebensmittel mit entsprechender Gewichtung enthalten sind. In bisherigen Ernährungsempfehlungen werden Getreideprodukte, Reis und Nudeln als Nahrungsgrundlage betrachtet. Bei LOGI landen sie auf Ebene drei, sodass der Anteil an diesen sonst als Fitmacher gepriesenen Pflanzenstoffen deutlich reduziert ist. Natürlich gilt es, bei der Auswahl weiterhin auf vollkornhaltige Produkte zu achten. Diese weisen einen deutlich geringeren glykämischen Index auf als Lebensmittel, die aus gemahlenem Mehl produziert wurden. Vollkornbrot oder Müsli eignen sich in der Sporternährung hervorragend als letzte Mahlzeit vor einem Training oder Wettkampf, da sie relativ leicht verdaulich sind und dennoch ausreichend Kohlenhydrate für die sportliche Belastung liefern. Eine Ernährung nach LOGI führt insgesamt zu einem Kohlenhydratanteil von etwa 20 bis 30 Prozent, der wiederum ausreicht, um ein deutliches Absinken des Glykogenspeichers zu vermeiden! Zwar lassen sich mit LOGI diese Speicher nicht superkompensieren, allerdings ist das in vielen Fällen ja auch gar nicht nötig.

LOGI als Sportlerbasiskost.

Mit LOGI lässt sich die für Ausdauersportler so wichtige Fähigkeit, bis in höhere Belastungsbereiche Fett zu verbrennen, optimieren. Die Anpassung an Fette führt zu einer verstärkten Energiebereitstellung aus Fettsäuren und macht superkompensierte Glykogenspeicher zum Teil überflüssig. Zusätzlich lässt sich auch noch überschüssiges Körperfett leichter abbauen. Weiterhin kann der erhöhte Eiweißanteil die Regeneration optimieren. In Phasen, in denen diese Trainingsziele Priorität haben, eignet sich LOGI als Basiskost optimal.

In Phasen hoch intensiven Trainings mit Sprints, Intervallbelastungen und Krafttraining oder als kurzfristige Wettkampfvorbereitung kann dann ein Wechsel auf kohlenhydratbetonte Kost erfolgen. Man spricht hier von einer punktuellen Kohlenhydratgabe, zum Beispiel kurz vor, während und nach den Belastungen. Denn Fette können zwar von den ausdauernden roten Muskelfasern verstärkt als Energiequelle genutzt werden, die schnellkräftigen weißen Muskelfasern benötigen für ihre Zellkraftwerke allerdings Kohlenhydrate. Dauern solche Phasen länger an und reichen die auf diesem Wege verabreichten Kohlenhydrate für die intensiven Trainingseinheiten nicht aus, kann zum Beispiel ein Wechsel von LOGI auf kohlenhydratreiche Ernährung mit circa 50 bis 60 Prozent Kohlenhydraten am Tag vorgenommen werden. Wird der Trainingsumfang und/oder die Belastungsintensität zu einem späteren Zeitpunkt wieder reduziert, kann erneut zu der eiweißbetonten LOGI-Kost gewechselt werden.

Für Sportler, die eine Sportart ausüben, bei der vorwiegend im Bereich der Fettverbrennung trainiert wird, zum Beispiel Joggen, Radfahren oder Schwimmen, ist auch ein Wechsel von LOGI auf ketogene Ernährung denkbar. Auf der einen Seite verspricht eine solche Kombination eine weitere Verbesserung der Fähigkeit der Fettstoffoxidation und eine verstärkte Reduktion von Körperfett, zum anderen können Nachteile der ketogenen Ernährung (zum Beispiel geringe Ballaststoff- und Vitalstoffzufuhr) durch regelmäßigen Wechsel auf LOGI-Kost umgangen werden.

Dieses Wechselspiel zwischen Low-Carb und kohlenhydratreicher Ernährung ist für Sportler sehr vielversprechend. Daher wurde Anfang 2009 unter anderem in Europas größtem Fachmagazin für Triathlon den Athleten von den Vorteilen einer LOGI-Kost berichtet (Triathlon 2009).

Name: *Heike Lemberger*
Sportart: *Marathon (Hobbyläuferin)*
Alter: *40 Jahre*

Mein Weg zum Marathon mit LOGI.

Mein Weg zum Marathon war lang. Meine Arbeitsstelle in Hamburg befindet sich ganz in der Nähe einer beliebten Laufstrecke an der Außenalster, an der ich, durch meine Kollegen animiert, mit dem Joggen anfing.

Schon nach zwei Monaten schaffte ich die Alsterrunde (7,4 Kilometer). In keiner anderen Sportart hatte ich jemals so viel Spaß erlebt und Entspannung empfunden wie beim Laufen. Meine Ernährung war zu dem damaligen Zeitpunkt noch sehr kohlenhydratreich. Ich dachte, als Läuferin benötige ich eben meine tägliche Portion Nudeln & Co. Irgendwann fragte mich eine Freundin, ob wir nicht gemeinsam einen Marathon laufen sollen. Allerdings hielt ich 42 Kilometer ohne Pause zu laufen schlichtweg für verrückt und für mich unerreichbar. Aber irgendetwas reizte mich an dieser Idee, und ich fing an, größere Trainingsumfänge zu absolvieren, das heißt längere Distanzen zu joggen. Bedingt durch die langen Laufdistanzen hatte sich auch mein Hungergefühl verändert. 500 Gramm Nudeln über den Tag verteilt waren überhaupt kein Problem für mich! In meinem Freundeskreis war ich schnell berüchtigt für die Unmengen, die auf den Teller mussten, um mich satt zu bekommen.

Der erste Marathon kam, und es war ein unglaublich schönes Erlebnis. Locker und mit einem Lächeln im Gesicht erreichte ich nach 4 Stunden und 12 Minuten das Ziel.

Wie optimierte ich meine Kohlenhydratspeicher?

Kurz vor dem Kiel-Marathon, der als Trainingslauf geplant war, beschloss ich eine spezielle Form der Kohlenhydrataufladung (nach Saltin, siehe Kapitel: »Mit Fett den Muskelturbo zünden«) auszuprobieren. Eine Woche vor dem Marathon absolvierte ich eine Trainingseinheit über 20 Kilometer, um die Kohlenhydratspeicher deutlich zu reduzieren. Als Regenerationskost gab es dann allerdings keine Kohlenhydrate, sondern reichlich Protein in Form von Eiern, kombiniert mit Gemüse oder Pilzen. An den drei darauffolgenden Tagen gab es Fleisch und Fisch mit Salat oder Gemüse. Manche beschreiben, dass diese kohlenhydratarmen Tage oftmals mit schlechter Laune und Müdigkeit einhergehen und die Ernährungsumstellung auf Magen und Darm schlagen kann. Doch mir ging es bestens!

Drei Tage vor dem Marathon folgte abschließend ein Tempotraining, um den Kohlenhydratspeicher komplett zu entleeren. Ab Donnerstag wurden die Speicher dann wieder gefüllt. Es gab reichlich Kohlenhydratquellen wie zum Beispiel Brot, Honig, Müslistangen, Äpfel, Laugenbrötchen oder eine große Portion Reis. Den Marathon lief ich ohne Probleme in Bestzeit und das, obwohl ich währenddessen nur einen Becher Wasser und zwei Stückchen Banane zu mir genommen hatte. Doch wie sollte es mir gelingen, noch schneller zu werden?

Tempotraining, LOGI und Bestzeit.

Ich meldete mich für eine Tempotrainingsgruppe an. Die Stimmung in der Gruppe war klasse, und ich gab richtig Gas, um vorne mitlaufen zu können. Obwohl ich bereits Low-Carb-Anhängerin war, achtete ich anfänglich noch auf eine kohlenhydratreiche Ernährung am Tag des Tempotrainings.

Allerdings war ich irgendwann neugierig und wollte wissen, ob ich mit kohlenhydratreduzierter Ernährung ebenso schnelle und intensive Leistungen erbringen kann wie unter der üblichen hohen Kohlenhydratzufuhr – mit einem ernüchternden Resultat: Ich brach beim Tempotraining grandios ein. Ich fühlte mich schwach, mir war schwindelig, und ich musste das Tempo drosseln. Kaum zu Hause angekommen, kochte ich erst einmal 500 Gramm Nudeln und gab mich ihnen genussvoll hin. Mein erster Versuch, am Tag des Tempotrainings kohlenhydratarm zu essen, war gescheitert.

Aufgeben wollte ich trotzdem nicht, und so startete ich einen neuen Versuch im nächsten Jahr. Ich hatte das Buch Paleo Diet for Athletes von Loren Cordain gelesen, in dem beschrieben wurde, dass man eine kohlenhydratarme Ernährung drei bis vier Wochen durchhalten muss, bis die Leistungssteigerung zu spüren ist. Am Anfang des Tempotrainings aß ich tagsüber proteinreich und kohlenhydratreduziert nach LOGI und eine Stunde vor dem Training ein Laugenbrötchen mit Hüttenkäse. Mit der Laufintensität hielt ich mich am Anfang ein wenig zurück, merkte aber bald, dass kein Leistungsabfall zu spüren war. Direkt nach dem Training achtete ich auf eine eiweißhaltige Regenerationskost. In der Regel gab es Quark mit einem Stück Obst. Nach drei Wochen lief ich mit maximaler Intensität mein Tempotraining und hielt durch! Eine Woche vor dem Marathon wendete ich wieder das Prinzip der Kohlenhydrataufladung an. Meinen Marathon lief ich in neuer persönlicher Bestzeit von 3 Stunden und 28 Minuten. Ich war mächtig stolz auf meine Experimentierfreude und meinen Erfolg!

Was sagt die Wissenschaft zu LOGI?

Was würde eine Ernährungsumstellung nützen, die zwar zur Gewichtsreduktion beiträgt und einige weitere Vorteile für Sportler mit sich bringt, jedoch die Gesundheit negativ beeinträchtigt? Nichts. Und das ist bei LOGI auch nicht der Fall. Dieses Ernährungskonzept hat sich mittlerweile in manchen Medizinerkreisen als Therapiekonzept zur Behandlung verschiedener Krankheiten etabliert. Besonders effektiv wirkt LOGI bei Erkrankungen, bei denen die Insulinresistenz eine zentrale Rolle spielt, wie etwa beim metabolischen Syndrom und Folgeerkrankungen wie Typ-2-Diabetes. Bereits seit dem Jahr 2005 wird unter anderem dem renommierten amerikanischen Diabetesforschungszentrum Joslin Diabetes Center an der Harvard University eine Kost empfohlen, die den Grundzügen von LOGI entspricht. Hier wird im offiziellen Ernährungsleitfaden zur Behandlung von übergewichtigen und adipösen Erwachsenen mit Typ-2-Diabetes unter anderem zu einer Erhöhung des Proteinanteils auf 20 bis 30 Prozent der Tageskalorien geraten. Gleichzeitig sollen Kohlenhydrate statt der üblichen 45 bis 65 Prozent nur noch circa 40 Prozent ausmachen (Joslin Diabetes Center 2005). Und auch die anerkannteste Auswertungsinstitution für medizinische Fragestellungen, die Cochrane Collaboration, kommt in einer ihrer Veröffentlichungen über kohlenhydratreduzierte Ernährungsformen zur Bekämpfung von Übergewicht und Adipositas zu folgendem Ergebnis: »Körpergewicht, Fettmasse, Body-Mass-Index, Gesamtcholesterin und LDL-Cholesterin verringerten sich durch Diäten mit niedriger Kohlenhydratbelastung signifikant stärker als durch andere Ernährungsformen.« (Elliott 2009).

Um die Effektivität einer Protein- und Fetterhöhung bei gleichzeitiger Kohlenhydratreduktion zu testen, wurden auch in Deutschland Studien durchgeführt. So zum Beispiel im Jahr 2006 in der Reha-Klinik Überruh. Klinikleiter Prof. Heilmeyer stellte 45 seiner in der Klinik betreuten Typ-2-Diabetiker auf LOGI-Kost um (Heilmeyer 2006). Dabei wurden 20 bis 30 Prozent der Tageskalorien aus Kohlenhydraten, 20 bis 30 Prozent aus Eiweiß und 40 bis 50 Prozent aus Fett bereitgestellt. Nach drei Wochen Aufenthalt konnten knapp 90 Prozent der mit LOGI ernährten Patienten die Klinik mit reduziertem Antidiabetikabedarf verlassen. Und fast die Hälfte konnte ihre Medikamente sogar absetzen! Nebenbei erfuhren die Patienten auch noch einen Gewichtsverlust von knapp einem Kilogramm pro Woche. Und auch die Blutfette verbesserten sich signifikant. Und das, obwohl gerade Low-Carb-Ernährungsphilosophien wie LOGI aufgrund des hohen Fettkonsums nachgesagt wird, sie würden die Blutfettwerte verschlechtern. Plaquebildungen und letztlich Herzinfarkte sollen angeblich durch mehr Proteine und Fette und weniger Kohlenhydrate ausgelöst werden. Dementsprechend wird Personen mit schlechten Blutfetten meistens zu einer fettarmen und kohlenhydratreichen Ernährung geraten. Allerdings wissen wir mittlerweile, dass durch solche Ernährungsempfehlungen die vorliegenden Problematiken eher geschürt als verhindert werden. Werden die durch klassische Low-Fat-Kost massig konsumierten Kohlenhydrate nämlich nicht durch Muskelaktivität verbrannt, werden sie im Stoffwechsel in Fette umgewandelt und ins Blut geschickt.

Aktuelle Studien zeigen diesen Effekt. So werden unter anderem höhere Triglyceridwerte durch den Austausch von Fetten zugunsten von Kohlenhydraten erreicht. Umgekehrt lässt sich der Triglyceridwert senken und das gute HDL-Cholesterin erhöhen, wenn ein Teil der täglichen Kohlenhydrate durch Fette, ja sogar durch gesättigte Fette, ausgetauscht wird (Clifton 2008, Mozaffarian 2004, Volek 2003).

Bei einem Vergleich zweier Ernährungskonzepte, wobei eins der beiden mit 13 Prozent Kohlenhydraten, 59 Prozent Fett und 28 Prozent Protein der LOGI-Kost recht nahe kam, konnten bei den Probanden deutliche gesundheitliche Vorteile erzielt werden. Innerhalb von nur 24 Wochen stieg der gute HDL-Wert um knapp 13 Prozent und auch das Körpergewicht sank deutlich stärker als in der Vergleichsgruppe, die einen täglichen Kohlenhydratanteil von 44 Prozent einhielt (Westman 2008).

Entgegen der landläufigen Meinung, viel Fett würde die Blutfettwerte verschlechtern und das Risiko für Herz-Kreislauf-Erkrankungen verstärken, zeigen sich erhebliche Vorteile durch die Betonung von (gesunden) Fetten in der Nahrung bei gleichzeitiger Reduktion der Kohlenhydrate, wie es bei LOGI erfolgt.

Ein weiterer Vorteil proteinreicher Nahrung: Sie kann auch die Knochendichte positiv beeinflussen. Aus etlichen Untersuchungen geht hervor, dass mehr Protein in der Nahrung zu einem knochenabbauschützenden Effekt führt – allerdings nur, wenn gewisse Voraussetzungen erfüllt werden: Eine hohe Eiweißzufuhr ist zum Erhalt der Knochengesundheit wichtig. Dieses Potenzial kann aber nur erreicht werden, wenn gleichzeitig genügend Calcium und Vitamin D zum Erhalt der Calciumbilanz und weiterhin genügend Basenbildner angeboten werden. Dies würde auf eine Kostform mit hohen Anteilen von Milch, Milchprodukten und Fleisch einerseits und einer sehr hohen Zufuhr von Obst und Gemüse, vor allem von grünem Gemüse (Calcium!) andererseits, hinauslaufen.

Daher bietet LOGI für Sportler eine Möglichkeit, sowohl ausreichend Power und Ausdauer für ihre Sportart zu erhalten, dabei das Körpergewicht zu stabilisieren, als auch noch ihrem Herz-Kreislauf-System und der Knochengesundheit etwas Gutes zu tun. Ein weiteres Argument für eine Umstellung auf LOGI ist unter anderem die hohe Akzeptanz dieser Ernährungsweise.

Erfahrungsgemäß schmeckt diese Kost vielen Menschen einfach gut. Neben all den gesundheitlichen Vorteilen bietet LOGI deshalb Hoffnung auf langfristige Umsetzung. Auch in der Sportlerküche.

Low-Carb bei Sportlern clever eingesetzt.

Kapitel 8

Mehr Power.

Der nachfolgende Plan gilt für alle Sportler, die:

· Muskeln aufbauen wollen oder
· Sportarten ausführen, bei denen hohe Krafteinsätze gefordert werden (Sprint, Gewichtheben, Kurzstreckenschwimmen et cetera)

Der Eiweißanteil sollte hier bei mindestens 1,5 Gramm pro Kilogramm Körpergewicht liegen, um ausreichend Proteine für die Regeneration und den Aufbau von Muskelmasse sicherzustellen. In vielen dieser Disziplinen kommen Kohlenhydrate als hauptsächliche Energiequelle für die schnellkräftigen Muskelfasern zum Einsatz. Daher berücksichtigt der nachfolgende Plan auch ein schnelles Wiederauffüllen der Glykogenspeicher nach dem Training.

Mahlzeit	Zusammenstellung	Energie	Kohlen-hydrate	Eiweiß	Fett
Frühstück	Omelett mit 4 Eiern plus 200 g Tomaten plus 50 g Zwiebeln	531 kcal	10,0 g	31,0 g	39,0 g
Zwischen-mahlzeit 1	2 Stücke Obst (zum Beispiel 1 Apfel und 1 Birne)	257 kcal	59,0 g	2,0 g	0,7 g
Mittagessen	200 g Thunfisch plus 2 Scheiben Pumpernickel plus 50 g Salatgurke oder Tomate	497 kcal	31,0 g	47,0 g	19,0 g
Zwischen-mahlzeit 2 circa 60 Minuten vor dem Training	Proteinshake: 50 g Whey Protein plus 250 ml Milch plus 1 Banane	251 kcal	27,0 g	32,0 g	1,0 g
Zwischen-mahlzeit 3 direkt nach dem Training	Schorle aus 250 ml Traubensaft plus 250 ml Wasser plus 1 Laugenbrezel plus 15 g Glutamin	384 kcal	73,0 g	16,0 g	2,0 g
Abendessen	250 g Putenbrust plus 250 g gemischtes Gemüse	448 kcal	20,0 g	62,0 g	12,0 g
Snack	125 g Quark (40 % Fett), 30 g Walnüsse	542 kcal	8,0 g	38,0 g	38,0 g
Gesamt		2.910 kcal	228,0 g	228,0 g	111,7 g

Die durch solch einen Plan erzielte Nährstoffverteilung sieht folgendermaßen aus:

Der Kohlenhydratanteil liegt mit 32 Prozent im oberen LOGI-Bereich, um ausreichend Kohlenhydrate für die für Kraft- und Schnellkraft zuständigen Muskeln zur Verfügung zu stellen. Der Eiweißanteil liegt ebenfalls bei 32 Prozent, und die verbleibenden 36 Prozent entfallen auf Fette.

Name:	Danny Ecker
Sportart:	Leichtathletik – Stabhochsprung (TSV Bayer 04 Leverkusen)
Größte Erfolge:	Olympia-Fünfter (2004), Olympia-Sechster (2008) und Olympia-Achter (2000), WM-Bronze (2007), Halleneuropameister (2007), Deutscher Hallenrekordhalter (6,00 m)
Alter:	31 Jahre

Mehr Energie und weniger Mittagstiefs.

Den größten Teil des Jahres achte ich ausgesprochen konsequent auf meine Ernährung. Ich bemühe mich, vor allem in der Wettkampfvorbereitung meiner Ernährungsphilosophie Low-Carb treu zu bleiben. Denn seit der Umstellung auf weniger Kohlenhydrate und mehr Eiweiß bemerke ich einige leistungsfördernde Vorteile: Durch den weitestgehenden Verzicht auf Süßes bleiben bei mir die typischen Unterzuckerungserscheinungen aus, und ich erlebe kein Mittagstief mehr. Meine Regeneration ist besser, und ich fühle mich insgesamt entschieden fitter. Zwar starte ich meinen Tag in der Regel mit einem kohlenhydratreichen Frühstück, zum Beispiel in Form von Obst, Haferflocken und Joghurt, achte jedoch bei den übrigen Mahlzeiten des Tages stets auf einen hohen Proteinanteil. Direkt nach dem Vormittagstraining esse ich meistens einen Proteinriegel oder Nüsse und liefere meinem Körper beim Mittagessen gleich wieder Eiweiß, zum Beispiel durch Eier, Hülsenfrüchte oder Hähnchenbrust. Besonders positiv macht sich bei mir der Verzicht auf klassische Kohlenhydratquellen am Abend bemerkbar. Hier esse ich üblicherweise Fisch oder Fleisch in Kombination mit Gemüse oder Salat. Ich spüre, dass ich durch solch ein Abendessen besser schlafen kann und morgens einfach mehr Energie habe.

Allerdings gibt es auch bei mir Momente, in denen es mir nicht ganz so leicht fällt, mich an eine optimale Ernährung zu halten. Die verführerische Werbung kommt erschwerend hinzu und weckt den Wunsch, die angepriesenen Produkte auch konsumieren zu wollen. Selbst in olympischen Dörfern unterhalten die bekannten Fast-Food-Ketten große Stände, sodass man dem Anblick und Geruch von Pommes frites und Burgern kaum entkommen kann.

Ich fühle mich jedoch sehr gut, wenn ich diesen Verführungen widerstehen kann und erinnere mich in diesen Momenten immer wieder an die Prinzipien, denen ich folge. Als professioneller Athlet will ich eben die Möglichkeit der Leistungssteigerung und -erhaltung durch gesunde Ernährung nicht missen. Insgesamt gibt es bei Olympischen Spielen allerdings gute Verpflegungsmöglichkeiten, zum Beispiel mit frischen Salaten, Gemüse, reichlich Obst und unterschiedlichsten Proteinquellen. Ich würde mir wünschen, dass es auch an unseren Trainingsstätten in Deutschland einige Möglichkeiten der Verpflegung, zum Beispiel mit Salaten oder etwas Fleisch, geben würde. Ich denke, dass viele Athleten ein solches Angebot mit Freude wahrnehmen würden und so zumindest die unmittelbar einer Trainingseinheit folgende Mahlzeit damit optimieren könnten."

Mehr Ausdauer.

Ausdauersport wie Radfahren, Laufen oder Schwimmen stellt ganz bestimmte Anforderungen an die dazu passende Sporternährung. Ausdauersportler müssen zunächst ausreichend Kalorien zuführen, um keinen Energiemangel zu erleiden. Weitere Ziele für Sportarten mit niedriger bis mittlerer Intensität sind die Optimierung des Fettstoffwechsels durch Anreicherung intramuskulärer »Fetttröpfchen« und die Erhöhung der für den Fettstoffwechsel notwendigen Enzyme. Viele Ausdauersportler sind außerdem bestrebt, ihr Körpergewicht zu reduzieren oder zu stabilisieren. Um diese Ziele zuverlässig zu erreichen, kann eine eiweiß- und fettbetonte Ernährungsweise, wie LOGI sie vermittelt, hilfreich sein.

Hier ein Beispiel für einen LOGI-Ernährungsplan bei einem Energiebedarf von 3.000 Kilokalorien:

Mahlzeit	Zusammenstellung	Energie	Kohlen-hydrate	Eiweiß	Fett
Frühstück	250 g Quark 20 % Fett, 1 Apfel (150 g), 50 g Haferflocken, 60 g Kokosflocken/-raspeln	891 kcal	60,0 g	37,0 g	53,0 g
Zwischen-mahlzeit 1	1 Ei mit 3 Cocktail-tomaten	106 kcal	2,0 g	8,0 g	7,0 g
Mittagessen	250 g Steak, 250 g Gemüse, 1,5 EL Rapsöl, Dessert: 30 g Käse (45 % Fett i. Tr.)	776 kcal	12,0 g	91,0 g	38,0 g
Zwischen-mahlzeit 2 nach dem Training	200 g Hüttenkäse mit 2 EL (50 g) Marmelade	345 kcal	41,0 g	25,0 g	8,0 g
Abendessen	Wurstteller mit 120 g gekochtem Schinken (4 Scheiben), 2 Wiener Würstchen, 2 große Tomaten, 200 g Gewürz-gurken, 1 Scheibe (50 g) Vollkornbrot	766 kcal	24,0 g	54,0 g	48,0 g
Snack	40 g Nüsse	230 kcal	3,0 g	10,0 g	19,0 g
Gesamt		3.114 kcal	142,0 g	225,0 g	173,0 g

Die Nährstoffverteilung liegt hier LOGI-konform bei 19 Prozent Kohlenhydrate, 51 Prozent Fett und 30 Prozent Eiweiß. Diese Ernährungsweise kann sich für viele als Basiskost anbieten, nach der sie sich dauerhaft ernähren können. Möglich ist der Einsatz von LOGI auch zuzeiten reduzierten Trainingsumfangs oder zu regenerativen Zwecken.

Wer kurz vor und während der Belastung Kohlenhydrate für seine Sportart benötigt (hoher Anteil an intensiven, schnellkräftigen Bewegungen), der kann LOGI mit der Supplementation von Kohlenhydraten kombinieren:

Mahlzeit	Zusammenstellung	Energie	Kohlen-hydrate	Eiweiß	Fett
Frühstück	200 g Hüttenkäse, ½ Apfel, 1 TL Zimt	233 kcal	14,0 g	22,5 g	9,0 g
Zwischen-mahlzeit 1	2 gekochte Eier, 2 Tomaten	221 kcal	5,0 g	17,0 g	14,0 g
Mittagessen	250 g Pute, 1 Paprika, 150 g Tomatensauce, 50 g Schmand (24 % Fett), Prise Chili	896 kcal	7,5 g	75,0 g	60,0 g
Zwischen-mahlzeit 2 vor dem Training	430 g Fruchtquark oder Mineralwasser mit 400 ml Natrium pro Liter und 75 g Maltodextrin	438 kcal (390 kcal)	75,0 g (75,0 g)	25,0 g	3,0 g
Abendessen innerhalb von zwei Stun-den nach dem Training	200 g Lachs (gegart) plus 200 g Blattspinat mit 100 g Kartoffeln und 70 g Sahne plus 100 g Schnitt-käse (40 % Fett i. Tr.)	834 kcal	17,5 g	77,0 g	48,0 g
Snack	70 g Nüsse	424 kcal	6,0 g	18,0 g	35,0 g
Gesamt		3.046 kcal (2.998 kcal)	125 g	234,5 g	169,0 g

Dieser Plan liefert 17 Prozent Kohlenhydrate, 32 Prozent Eiweiß und 51 Prozent Fett.

Wer seine Fettverbrennung noch stärker ankurbeln möchte oder mit LOGI noch nicht ausreichend Körperfett verlieren konnte, für den bietet sich eine phasenweise Umstellung auf ketogene Ernährung an. Hierbei kommt es durch die starke Kohlenhydratreduktion zur Bildung von Ketonkörpern aus Fettsäuren. Möglich sind in dieser Zeit vorübergehende Leistungseinbußen im Training, die es zu berücksichtigen gilt.

Und so kann ein Tagesplan nach ketogener Ernährung für 3.000 Kilokalorien aussehen:

Mahlzeit	Zusammenstellung	Energie	Kohlen-hydrate	Eiweiß	Fett
Frühstück	Omelett aus 4 Eiern, 200 g Tomaten, 150 g Champignons, 40 g Speck	786 kcal	8,0 g	43,0 g	62,0 g
Zwischen-mahlzeit 1	300 g reife/weiche Avocado mit Salz, Pfeffer und 1 Spritzer Zitronensaft	697 kcal	4,0 g	6,0 g	70,5 g
Mittagessen	Salat mit Thunfisch: 200 g Thunfisch, 100 g Gurke, 1 Paprika, 1 bis 2 Tomaten, 2 EL Olivenöl, 1 EL Essig, Salz und Pfeffer	756 kcal	7,5 g	52,0 g	55,0 g
Zwischen-mahlzeit 2	Fruchtquark: 110 g Magerquark, 50 g Erdbeeren (frisch oder tiefgefroren)	99 kcal	7,5 g	15,5 g	0,5 g
Abendessen	Überbackener Broccoli: 150 g Broccoli, 200 g gekochter Schinken, 50 g Käse (45 % Fett i. Tr.), 10 g Sahne, 10 g Butter	578 kcal	3,0 g	63,0 g	33,0 g
Snack	50 g Schnittkäse (50 % Fett i. Tr.) und 1 Paprika	192 kcal	4,5 g	15,0 g	12,0 g
Gesamt		3.108 kcal	34,5 g	194,5 g	233,0 g

Die Nährstoffverteilung liegt hier bei vier Prozent Kohlenhydraten, 26 Prozent Eiweiß und 70 Prozent Fett. Um einen Mangel an Mikronährstoffen und einen starken Säurenüberschuss zu vermeiden, empfiehlt sich für Sportler ebenso wie für »Normalverbraucher« in einer ketogenen Phase die zusätzliche Einnahme von basisch wirkenden Mineralstoffpräparaten, beispielsweise als Kalium-, Calcium- oder Magnesiumcitrat.

Im Rahmen einer Wettkampfvorbereitung, zum Beispiel für einen Marathon, kann die Anwendung eines Carboloadings nach Saltin sinnvoll sein (siehe Kapitel 5: »Mit Fett den Muskelturbo zünden«).

In den letzten sieben Tagen vor einem Wettkampf kann ein nach dieser Methode zusammengestellter Ernährungsplan wie folgt aussehen (gilt für eine(n) 75 Kilogramm schwere(n) Athleten oder Athletin):

Sonntag

Letztes intensives Training circa 20 Kilometer.

- Nach dem Training: wenig Kohlenhydrate, viele Mikronährstoffe (Vitamine und Mineralstoffe), Eiweiß und Fett

- 1 Brötchen mit Wurst, Käse sowie Eier, dazu gibt es nach Belieben Möhren, Kohlrabi, Salat, Tomaten et cetera

- Abends: zum Beispiel Möhrentagliatelle mit Bolognesesauce

Montag bis Mittwoch

Montag: Ruhetag, Dienstag: 60 Minuten lockeres Laufen, Mittwoch: Intervalltraining. Für eine ausgewogene Kalorienbilanz sollten Sie täglich Folgendes essen:

- 3 Eier, 100 g Schnittkäse ab 45 % Fett i. Tr.

- 200 g Steak mager, 150 g Fleischwurst, fettarmen Aufschnitt oder Würstchen, 100 g Oliven beziehungsweise Avocado

- 100 g Nüsse oder Kürbiskerne, 150 g Thunfisch
  Der Zeitpunkt beziehungsweise die Kombination ist egal.

- Frühstück: 2 Eier mit Kräutersalz und Tomaten, Gurken, Paprika etc.

- Zwischenmahlzeit: 150 g Fleischwurst beziehungsweise Wiener Würstchen und 1 EL Mayonnaise

- Mittagessen: 1 großer Salat mit 150 g Thunfisch (oder fettarmen Speck), 100 g Käse, 100 g Oliven oder Avocado mit 2 EL Essig-Öl-Dressing

- Zwischenmahlzeit: 1 Ei, Möhren et cetera nach Belieben

- Abendessen: 200 g Steak, 1 Scheibe Brot, 300 g Gemüse mit 2 EL Öl

- Zum Knabbern: 100 g Nüsse oder Kerne (zum Beispiel Sonnenblumenkerne)

Donnerstag

Circa 500 Gramm Kohlenhydrate oder 6,7 Gramm Kohlenhydrate pro Kilogramm Körpergewicht, kein Training.

- 5 Brötchen/Laugen, Vollkornbrötchen, 200 g rohe Nudeln/Reis (400 bis 500 g gekocht), 100 g Reiswaffeln mit Schokoüberzug oder Schaumküsse
- 2 Stücke Obst, 1 l Malzbier und Fruchtsäfte
- Morgens: 2 Brötchen mit 1 Scheibe fettarmem Belag
- Zwischenmahlzeit: 1 Laugenbrötchen, 1 Banane und 1 Möhre
- Mittagessen: 2 Teller beziehungsweise 1 großer Teller Nudeln mit Tomatensauce und 1 kleiner Salat
- Zwischenmahlzeit: 100 g Schokopuffreis und 1 Banane
- Abends: 3 Brötchen mit 3 Scheiben fettarmem Aufschnitt, zum Beispiel gekochtem oder rohem Schinken, dazu frisches Gemüse, 1 l Malzbier

Freitag

Circa 580 Gramm Kohlenhydrate oder 7,7 Gramm Kohlenhydrate pro kg Körpergewicht

- 5 Brötchen/Laugen, Vollkornbrötchen, 200 g rohe Nudeln oder Reis (400 bis 500 g gekocht), 100 g Reiswaffeln mit Schokoüberzug oder Schokolade und 100 g Salzstangen, 2 Stücke Obst, 1 l Malzbier oder Fruchtsäfte
- Morgens: 2 Brötchen mit 1 Scheibe fettarmem Belag
- Zwischenmahlzeit: 1 Laugenbrötchen, 1 Banane und 1 Möhre
- Mittagessen: 2 Teller beziehungsweise 1 großer Teller Nudeln mit Tomatensauce und 1 kleiner Salat
- Zwischenmahlzeit: 100 g Reiswaffeln mit Schokoüberzug und 1 Banane beziehungsweise Apfel
- Abends: 3 Brötchen mit 1 bis 2 Scheiben fettarmer Wurst, zum Beispiel gekochter oder roher Schinken dazu frisches Gemüse, 1 l Malzbier oder Fruchtsäfte
- Spätmahlzeit: 100 g Salzstangen

Samstag

Circa 650 bis 700 Gramm Kohlenhydrate oder 8,7 Gramm Kohlenhydrate pro Kilogramm Körpergewicht.

· 5 Brötchen/Laugen, Vollkornbrötchen, 200 g (roh) Reis und 300 g (roh) Nudeln, 100 g Salzstangen, 2 Bananen, 1 l Malzbier oder Fruchtsäfte

· Morgens: 2 Brötchen (weiß) mit Honig

· Zwischenmahlzeit: leichte Kost; Laugenbrötchen, Müslistange oder weißes Brötchen (mindestens 2 Brötchen)

· Mittagessen: 200 g (roh) Reis mit Tomatensauce

· Zwischenmahlzeit: 2 Bananen

· Abends: 300 g (roh) Nudeln mit Tomatensauce gegebenenfalls 50 g Thunfisch oder Fleisch

· Wichtig: keine Gemüsesauce, keinen Salat oder Obst (Ausnahme: reife Banane)

· Tagsüber, neben mindestens 2 l Tee, Wasser auch zusätzlich 1 l Malzbier

· Meiden Sie: ballaststoffreiche Lebensmittel, zum Beispiel Möhren, Kohl, Paprika et cetera!

Sonntag, Wettkampftag

· 6.30 bis 7.00 Uhr: 2 bis 3 Scheiben Weißbrot oder Toast, dünn mit Butter, Honig oder Marmelade bestrichen, 500 ml Früchte- oder Kräutertee, Mineralwasser oder Malzbier; maximal 1 Becher Kaffee oder schwarzer/grüner Tee

· 8.00 bis 8.30 Uhr: 1 reife Banane oder 20 g Dextrose, circa 250 bis 500 ml Wasser ohne Kohlensäure (langsam trinken!)

Mehr Spielfreude.

Spielsportler wie Handballer, Fußballer, Basketballer oder Tennisspieler brauchen etwas mehr Kohlenhydrate zur Versorgung der schnellkräftigen Muskelfasern. Daher ist in dem nachfolgenden Ernährungsplan für 3.000 Kilokalorien ein Kohlenhydratanteil von 35 Prozent eingeplant.

Mahlzeit	Zusammenstellung	Energie	Kohlen-hydrate	Eiweiß	Fett
Frühstück	100 g Müsli, 250 g Mager-quark, 1 EL Kürbiskerne, 1 Apfel	716 kcal	87 g	49 g	17 g
Zwischen-mahlzeit 1	2 Tomaten, 200 g Hüt-tenkäse	218 kcal	7,3 g	26,0 g	8,8 g
Mittagessen	100 g Nudeln (Rohware) plus 150 g Tomatensauce, 150 g Hackfleisch, 1 EL Rapsöl, 1 Zwiebel	945 kcal	75,5 g	62,3 g	40,9 g
Zwischen-mahlzeit 2	1 ½ Brötchen, 100 g roher Schinken, 20 g Eis-bergsalat	259 kcal	35,7 g	18,7 g	3,9 g
Zwischen-mahlzeit 3	1 Brötchen mit 60 g Mar-melade	289 kcal	65,4 g	3,6 g	0,7 g
Abendessen	3 Spiegeleier mit Salat (50 g Eisbergsalat, 1 Tomate, ½ Gurke) und 60 g Joghurtdressing	595 kcal	9,1 g	30,3 g	46,6 g
Snack	25 g Nüsse	146 kcal	2,1 g	6,3 g	12,0 g
Gesamt		3.168 kcal	282,1 g	196,2 g	129,9 g

Kohlenhydrate liefern hierbei 37 Prozent, Proteine 25 Prozent und Fette 38 Prozent der Tageskalorien.

An trainingsfreien Tagen sollte der Kohlenhydratanteil wieder reduziert werden. Gleichzeitig ist es sinnvoll, mehr Eiweiß zu essen, um die Regeneration zu optimieren. Ein Tagesplan an einem trainingsfreien Tag für Spielsportler kann daher wie folgt aussehen:

Mahlzeit	Zusammenstellung	Energie	Kohlen-hydrate	Eiweiß	Fett
Frühstück	1 Vollkornbrötchen, 30 g roher Schinken, 20 g Eisbergsalat, 20 g Gurke, 1 gekochtes Ei, 200 g Hüttenkäse, 1 EL Marmelade	551 kcal	49,4 g	44,5 g	17,8 g
Mittagessen	250 g Pute, 250 g Gemüsemischung, zum Beispiel 150 g Broccoli und 100 g Champignons in 1 EL Rapsöl und ½ TL Gemüsebrühe gegart, 1 Stück Obst, zum Beispiel Birne	636 kcal	24,5 g	72,0 g	25,8 g
Abendessen	50 g Eisbergsalat, 1 Tomate, ½ Gurke, 150 g Thunfisch, 50 g Avocado, 150 g grüne Bohnen, Essig-Olivenöl-Dressing	754 kcal	30 g	40 g	50,2 g
Snack	50 g Nüsse	291 kcal	4,0 g	12,5 g	24,0 g
Gesamt		2.232 kcal	107,9 g	169,0 g	117,8 g

Zugrunde gelegt wurde hier ein reduzierter Energiebedarf von knapp 2.200 Kilokalorien. Das Nährstoffverhältnis liegt bei 20 Prozent Kohlenhydraten, 30 Prozent Eiweiß und 50 Prozent Fett.

Low-Carb
in der Sportlerküche
die tägliche
Praxis.

Kapitel 9

Schonend zubereiten, um AGE zu vermeiden.

AGE ist die Abkürzung für Advanced Glycation Endproducts. Das sind Verbindungen von Zucker und Eiweiß beziehungsweise Fett. Bei der Reaktion dieser Nährstoffe entstehen langkettige Glykierungsendprodukte, die zum Beispiel dazu beitragen, dass sich angebrannte Milch braun verfärbt. Entscheidend für die Bildung von AGE in der Nahrung sind Temperatur, Zubereitungsdauer und -methode. Backen und Frittieren kann den AGE-Gehalt der zubereiteten Nahrung um das bis zu Siebenfache erhöhen im Vergleich zu Kochen oder Dünsten. Daher enthält zum Beispiel die dunkle Kruste eines Schweinebratens oder die knusprige Haut eines Hähnchens entsprechend hohe Mengen dieser Glykierungsendprodukte. Acrylamid ist ebenfalls ein solches Produkt, welches als unerwünschte Folge starker Hitzeeinwirkung entsteht. Eine hohe Zufuhr an ungewünschten AGE enthält folglich zum Beispiel eine klassische Mahlzeit aus der Imbissstube (beispielsweise ein halbes Hähnchen mit Pommes frites). Glykierungsendprodukte werden allerdings auch im menschlichen Stoffwechsel selbst gebildet. So zum Beispiel das sogenannte HbA_{1c}. Diabetikern wird dieser Wert als Indiz für die Zuckerbelastung ein Begriff sein. Beim HbA_{1c} verbindet sich Glukose aus dem Blut mit dem roten Blutfarbstoff Hämoglobin (Hb). Je höher der HbA_{1c}-Wert, umso mehr haben sich Zucker- und Proteinbausteine untrennbar miteinander verbunden. Kurzzeitige und chronische Überzuckerung forcieren daher die Bildung von AGE erheblich. Ebenso kann man feststellen, dass sich mehr AGE bilden, je älter ein Mensch wird. Weiterhin treten AGE verstärkt bei der Alzheimer-Krankheit, bei Nierenerkrankungen im Endstadium, bei Arthritis und Leberzirrhose auf.

Das Problem: AGE können vom Körper grundsätzlich nicht mehr abgebaut werden und stehen im Verdacht, negative Auswirkungen auf die Gesundheit zu haben. Gesunde Menschen verfügen jedoch über ausreichend Möglichkeiten, AGE auszuscheiden. Zwar existiert bislang kein eindeutiger Beweis für einen Zusammenhang zwischen dem Konsum an AGE mit der Nahrung und schädlichen Auswirkungen auf das Herz-Kreislauf-System, allerdings zeigen Untersuchungen an Personen mit gestörtem Zuckerhaushalt, dass bereits der Verzehr einer einzigen AGE-reichen Mahlzeit zu einer mehrstündigen Beeinträchtigung der Mikrozirkulation führen kann. AGE können hier Entzündungsprozesse hervorrufen und langfristig ungewünschte Verengungen der Gefäße fördern. Es wird vermutet, dass Sie die Entstehung von Nieren-, Augen- und Nervenschädigungen mit verursachen können.

Um die Belastung mit AGE so gering wie möglich zu halten, sollten auch Sportler (und vor allem Menschen mit gestörtem Zuckerhaushalt) bevorzugt Fisch, Milchprodukte, Gemüse und Obst verzehren. Diese Nahrungsmittel enthalten von Natur aus deutlich weniger AGE im Vergleich zu gebratenem Fleisch, Butter, Margarine und anderen verarbeiteten Produkten. Wer also häufig unterwegs Mahlzeiten zu sich nimmt, sollte Vorsicht walten lassen. Denn die Zubereitungsmethoden im Imbiss um die Ecke versprechen nicht immer AGE-arme Kost.

Neben dem WAS auf dem Teller liegt, gilt es nämlich in diesem Zusammenhang vor allem, das WIE es zubereitet wird zu beachten. Dünsten und Kochen sind Grillen, Frittieren und Backen vorzuziehen. Ein hoher Feuchtigkeitsgehalt bei der Zubereitung hilft weiterhin, die Bildung von AGE zu reduzieren. Und im Idealfall isst man natürlich Nahrungsmittel in ihrer natürlichen Form beziehungsweise gemäß des Mottos: So wenig wie möglich und so viel wie nötig verarbeitet.

Wenn der kleine Hunger kommt ...

Viele Sportler sind aufgrund ihres teilweise recht hohen Energiebedarfs auf mehrere Zwischenmahlzeiten am Tag angewiesen. Besonders unterwegs fällt es einigen nicht immer leicht, die passenden Snacks zu finden. Diese sollten nämlich im Idealfall sowohl schnell verfügbar und nährstoffreich sein als auch noch den kleinen Hunger stillen. Alternativen für leckere und gesunde Snacks sind zum Beispiel die folgenden:

Naturbelassene Buttermilch

Buttermilch enthält pro 100 Gramm knapp 3,5 Gramm Eiweiß, 4 Gramm Kohlenhydrate und circa 40 Kilokalorien. Die Kohlenhydrate liegen als Milchzucker vor, der nur schwachen Einfluss auf den Blutglukosespiegel nimmt. Ein großer Becher Buttermilch (0,5 Liter) liefert knapp 17,5 Gramm Eiweiß, 20 Gramm Kohlenhydrate und 200 Kilokalorien. Wem der Geschmack der reinen Buttermilch nicht zusagt, kann zum Beispiel Früchte oder einen Schuss Honig dazu geben.

Obst und Nüsse

Eine schmackhafte und nährstoffreiche Zwischenmahlzeit bietet auch die Kombination von Obst und Nüssen. Ein Apfel liefert zum Beispiel knapp 70 Kilokalorien, 15 Gramm Kohlenhydrate und jede Menge Vitamine und Mineralstoffe wie das für Sportler wichtige Kalium. 40 Gramm Nüsse enthalten circa 225 Kilokalorien, womit sich auf kleinstem Raum jede Menge Energie zuführen lässt. Diese Kalorien stammen größtenteils aus wertvollen ungesättigten Fettsäuren und Eiweiß (10 Gramm in 40 Gramm Nüssen).

Hüttenkäse

Passt optimal in eine Low-Carb-Ernährung. Zum Beispiel als Zwischenmahlzeit nach einem Krafttraining. 200 Gramm enthalten etwa 25 Gramm Eiweiß. Hüttenkäse kann daher als wunderbar sättigende Zwischenmahlzeit angesehen werden.

Sandwich

Eine kohlenhydratbetonte Zwischenmahlzeit bestehend aus 2 Scheiben Graubrot, 1 Scheibe Koch- oder Lachsschinken, ein paar Salatblätter, 2 Scheiben Tomate und Gurke und etwas Senf plus Salz und Pfeffer. Mit circa 40 bis 50 Gramm Kohlenhydraten (je nach Brotsorte), die in den 2 Scheiben Brot drinstecken, ein guter Snack, der sich zum Beispiel als letzte Mahlzeit vor dem Training (circa 1 bis 1,5 Stunden vorher) eignet.

Und so kann es konkret aussehen.

Zur Umsetzung der vorgestellten Ernährungsempfehlungen hier nun ein paar Rezepte für sportlergerechte Mahlzeiten.

Proteinreiches Frühstück.

Omelett

aus 4 Eiern, mit 1 EL Rapsöl und 3 Scheiben gekochtem Schinken, dazu gibt es 300 Gramm Gemüse oder Pilze! Enthält 53 Gramm Eiweiß.

Früchtequark

bestehend aus 500 Gramm Sahnequark mit 200 Gramm Mango und 25 Gramm (1 TL) Nüssen. Enthält 75 Gramm Eiweiß.

Proteinreiches Mittagessen.

Lauch an Hüttenkäse

2 Stangen Lauch, 2 rote Äpfel, 1 Zitrone, 20 Gramm Walnüsse, 1 TL Zucker, 2 EL Rapsöl, 3 EL Sahne, 400 Gramm körniger Frischkäse, Salz und Pfeffer nach Geschmack.

Eine Portion nussiger Lauch-Apfel-Salat (900 Gramm) liefert 60 Gramm Eiweiß, 50 Gramm Fett und 40 Gramm Kohlenhydrate.

Rinderfilet in Gorgonzolasauce

300 Gramm Rindersteak, 1 Becher Buttermilch zum Marinieren, 2 mittelgroße Auberginen, 2 Knoblauchzehen, 1 EL Rapsöl, 50 Gramm Gorgonzola, 1 TL Butter, 50 Milliliter Vollmilch (3,5 % Fett), 20 Milliliter Weißwein, 1 EL Olivenöl, 1 TL Pesto, 4 Thymianzweige, Salz und Pfeffer nach Geschmack.

Eine Portion Rinderfilet in Gorgonzolasauce mit Auberginengemüse (1.050 Gramm) liefert 84 Gramm Eiweiß, 50 Gramm Fett und 18 Gramm Kohlenhydrate.

Proteinreiches Abendessen.

Zucchinischiffchen mit Krabben

2 kleine Zucchini (etwa 250 Gramm), 100 Gramm Frischkäse (Vollfett-stufe), 100 Milliliter Vollmilch (3,5 % Fett), 150 Gramm Krabben, ½ Bund Dill, 10 Gramm Butter, 50 Gramm Sahne, 1 Ei, 10 Gramm Parmesan, Salz und Pfeffer nach Geschmack.

Eine Portion Zucchinischiffchen mit Krabben (800 Gramm) liefert 75 Gramm Eiweiß, 46 Gramm Fett und 9 Gramm Kohlenhydrate.

Tuna-Frikadellen auf Paprikagemüse

Je ½ rote, gelbe und grüne Paprikaschote (etwa 300 Gramm), ½ kleine Chili-schote, 1 Zwiebel, 1 Knoblauchzehe, 1 Dose Thunfisch im eigenen Saft (185 Gramm), 2 Eier, 3 EL frisch geriebener Parmesan, 2 EL Frischkäse (Doppel-rahmstufe), Kräuter der Provence, 1 EL Tomatenmark, 1 EL Olivenöl, 1 EL Rapsöl, etwas Petersilie zum Garnieren, Salz und Pfeffer nach Geschmack.

Eine Portion Tuna-Frikadellen auf Paprikagemüse (644 Gramm) liefert 41 Gramm Eiweiß, 51 Gramm Fett und 12 Gramm Kohlenhydrate.

Proteinshake

60 Gramm Proteinpulver (zum Beispiel Molkeneiweiß), 300 Milliliter Milch (3,5 % Fett), 1 EL Walnussöl und 100 Gramm Beerenfrüchte.

Ein Shake liefert 60 Gramm Eiweiß, 22 Gramm Kohlenhydrate und 25,5 Gramm Fett.

Die Rezepte stammen größtenteils aus dem Buch: LOGI-Methode.
Das neue grosse LOGI-Kochbuch. systemed Verlag 2009.

Name: Jan Schult
Sportart: Handball (HSV)
Größter Erfolg: Europapokalsieger 2007
Alter: 20 Jahre

Mahlzeiten planen ist die halbe Miete!

Weil ich ein paar Pfunde verlieren wollte und mit dem Gedanken gespielt habe, meine Ernährung umzustellen, habe ich mich an Ernährungsberaterin Heike Lemberger gewendet. Durch ihre Beratung habe ich gelernt, meine Ernährung auf weniger Kohlenhydrate und mehr Eiweiß umzustellen, was mir bis zum heutigen Tag recht leicht fällt. Und das, obwohl ich nicht der leidenschaftlichste Koch bin. Ich helfe mir einfach damit aus, nur jeden zweiten Tag zu kochen. Dann eben entsprechend größere Portionen, die auch noch für den nächsten Tag reichen. Ansonsten verwende ich regelmäßig hochwertige Tiefkühlprodukte, das richtige Fett, esse regelmäßig Fleisch oder Fisch. Und ich achte besonders darauf, vor allem abends keine großen Mengen an Kohlenhydraten mehr zu essen.

Oft gibt's dann einen bunten Salat oder gerne auch Rührei mit Tomaten. Was mir außerdem bislang gut gelingt, ist die Organisation der Mahlzeiten. Zwar esse ich gelegentlich bei meiner Freundin oder meiner Familie, aber die meiste Zeit ist bei mir doch Selbstverpflegung angesagt. Ich handhabe das dann meistens so, dass ich mir bereits zu Beginn einer Woche überlege, was ich essen möchte und erstelle mir einen entsprechenden Wochenernährungsplan. Dann wird eingekauft. Frisches Obst und Gemüse besorge ich zweimal pro Woche im Supermarkt. Wobei ich als Alternative auch gerne Gemüse aus der Tiefkühlabteilung verwende. Ansonsten bekommen wir auch an unserer Trainingsstätte regelmäßig Obst, welches ich mir dann mit nach Hause nehmen kann. Alles, was ich sonst noch brauche, kaufe ich an einem festen Tag in der Woche.

Im Bild: Tomaten-Rührei mit Mozzarella aus Dr. Nicolai Worms LOGI-Grundlagenwerk »Glücklich und schlank. Mit viel Eiweiß und dem richtigen Fett.«

Vor dem Training achte ich immer darauf, dass ich einen Eiweißriegel und eine Banane esse, um genügend Energie zu bekommen. Außerdem frühstücke ich jetzt jeden Morgen! Die Ernährungsumstellung hat bei mir tolle Erfolge gezeigt: In nur fünf Monaten habe ich insgesamt zehn Kilo an Körpergewicht verloren, vor allem meine Schnelligkeitswerte und mein Energielevel haben sich stark verbessert. Die vielen praktischen und einfach umzusetzenden Tipps meiner Beraterin halfen mir dabei, das Low-Carb-Prinzip zu verstehen und anwenden zu können. Meine Lieblingsmahlzeit ist übrigens ein richtig leckerer Thunfischsalat!

Literatur-
hinweise.

Anhang

Von antiken Helden zu Fitnessclub-Mitgliedern: Ernährung für Aktive im Wandel.

1 Bensley EH. (1951). The feeding of athletes. Can Med Assoc J; 64(6):503-4. French transl, 506-6.

2 Berry WTC, Beveridge JB, Bransby ER, Chalmers AK, Needham BM, Magee HE, Townsend HS. (1949). The diet, haemoglobin values, and blood pressure of Olympic athletes. Br Med J; 1(4598):300-4.

3 Crawford S. (1991). Captain Barclay. Extraordinary Exerciser of the Nineteenth century. Iron Game History, Volume 1, Numbers 4&5:22-24.

4 Stellungnahme des DGE-Arbeitskreises »Sport und Ernährung«: Proteine und Kohlenhydrate im Breitensport. 01.05.2001.

5 Grandjean AC. (1997). Diets of elite athletes: has the discipline of sports nutrition made an impact? J Nutr; 127(5 Suppl):874S-877S.

6 Grivetti LE, Applegate EA. (1997). From Olympia to Atlanta: a cultural-historical perspective on diet and athletic training. J Nutr; 127(5 Suppl):860S-868S.

7 Simopoulos AP. (2004). Nutrition and Fitness: Obesity, the Metabolic Syndrome, Cardiovascular Disease, and cancer. 5th International Conference on Nutrition and Fitness, Athen: 9.-12. Juni 2004.

8 Nelson V. (2007). Florida Gators team physician invented drink known worldwide. LA Times, 28.11.2007.

9 Perkins R, Williams MH. (1975). Effect of caffeine upon maximal muscular endurance of females. Med Sci Sports; 7(3):221-4.

10 Kies CV, Driskell JA. (1995). Sports Nutrition Minerals & Electrolytes. CRC Press Inc.

Kohlenhydrate: Wer sie braucht und wer nicht.

1 Bird SP, Tarpenning KM, Marino FE. (2006). Liquid carbohydrate/ essentiell amino acid ingestion during a short-term bout of resistance suppresses myofibrillar protein degradation. Metabolism; 55(5): 570-7.

2 Burke LM, Collier GR, Hargreaves M. (1993). Muscle glycogen storage after prolonged exercise: effect of the glycemic index of carbohydrate feedings. J Appl Physiol; 75(2):1019-23.

3 Burke LM, Collier GR, Davis PG, Fricker PA, Sanigorski AJ, Hargreaves M. (1996). Muscle glycogen storage after prolonged exercise: effect of the frequency of carbohydrate feedings. Am J Clin Nutr; 64(1):115-9.

4 Burke LM, Hawley JA, Schabort EJ, St Clair Gibson A, Mujika I, Noakes TD. (2000). Carbohydrate loading failed to improve 100-kkm cycling performance in a placebo-controlled trial. J Appl Physiol; 88(4):1284-90.

5 Burke LM, Collier GR, Broad EM, Davis PG, Martin DT, Sanigorski AJ, Hargreaves M. (2003). Effect of alcohol intake on muscle glycogen storage after prolonged exercise. J Appl Physiol; 95(3):983-90.

6 Burke LM, Hawley JA. (2006). Fat and carbohydrate for exercise. Curr Opin Clin Nutr Metab Care; 9(4): 476-81.

7 Bussau VA, Fairchild TJ, Rao A, Steele P, Fournier PA. (2002). Carbohydrate loading in human muscle: an improved 1 day protocol. Eur J Appl Physiol; 87(3): 290-5.

8 Costill DL. (1988). Carbohydrates for exercise: dietary demands for optimal performance. Int J Sports Med; 9(1):1-18.

9 Evans WJ, Hughes VA. (1985). Dietary carbohydrates and endurance exercise. Am J Clin Nutr; 41(5 Suppl):1146-54.

10 Foster-Powell K, Holt SH, Brand-Miller JC. (2002). International table of glycemic index and glycemic load values: 2002. Am J Clin Nutr; 76(1):5-56.

11 Gibson PR, Newnham E, Barrett JS, Shepherd SJ, Muir JG. (2007). Review article: fructose malabsorption and the bigger picture. Aliment Pharmacol Ther; 25(4):349-63.

12 Giovannini M, Verduci E, Scaglioni S, Salvatici E, Bonza M, Riva E, Agostoni C. (2008). Breakfast: a good habit, not a repetitive custom. J Int Med Res; 36(4):613-24.

13 Hoppeler H, Billeter R, Horwath PJ, Leddy JJ, Pendergast DR. (1999). Muscle structure with low-fat diets in well-trained male runners. Int J Sports Med; 20(8):522-6.

14 Jentjens RL, Wagenmakers AJ, Jeukendrup AE. (2002). Heat stress increases muscle glycogen use but reduces the oxidation of ingested carbohydrates during exercise. J Appl Physiol; 1562-72.

15 Jentjens RL, Jeukendrup AE. (2003). Determinants of post-exercise glycogen synthesis during short-term recovery. Sports Med; 33(2): 117-44.

16 Jentjens RL, Jeukendrup AE. (2003). Effects of pre-exercise ingestion of trehalose, galactose and glucose on subsequent metabolism and cycling performance. Eur J Appl Physiol; 88(4-5):459-65.

17 Jeukendrup AE. (2004). Carbohydrate intake during exercise and performance. Nutrition; 20(7-8):669-77.

18 Jeukendrup AE, Moseley L, Mainwaring GI, Samuels S, Perry S, Mann CH. (2006). Exogenous carbohydrate oxidation during ultraendurance exercise. J Appl Physiol; 100(4): 1134-41.

19 Kerksick C, Harvey T, Stout J, Campbell B, Wilborn C, Kreider R, Kalman D, Ziegenfuss T, Lopez H, Landis J, Ivy JL, Antonio J. (2008). International Society of Sports Nutrition position stand: nutrient timing. J Int Soc Sports Nutr; Oct 3;5:17.

20 Kirwan JP, Cyr-Campbell D, Campbell WW, Scheiber J, Evans WJ. (2001). Effects of moderate and high glycemic index meals in metabolism and exercise performance. Metabolism;50(7):849-55.

21 Koopman R, Pannemans DL, Jeukendrup AE, Gijsen AP, Senden JM, Halliday D, Saris WH, van Loon LJ, Wagenmakers AJ. (2004). Combined ingestion of protein and carbohydrate improves protein balance during ultra-endurance exercise. Am J Physiol Endocrinol Metab; 287(4):E712-20.

22 Levenhagen DK, Gresham JD, Carlson MG, Maron DJ, Borel MJ, Flakoll PJ. (2001). Postexercise nutrient intake timing in humans is critical to recovery of leg glucose and protein homeostasis. Am J Physiol Endocrinol Metab; 280(6):E982-93.

23 Mannhart C, Colombani P. (2001). Grundlagen der Sporternährung-die elementare Bedeutung der Energie-, Makronährstoff- und Flüssigkeitszufuhr. Schweizerische Zeitschrift für Sportmedizin und Sporttraumatologie; 49(3):125-130.

24 Manninen AH. (2006). Hyperinsulinaemia, hyperaminoacidaemia and post-exercise muscle anabolism: the search for the optimal recovery drink. Br J Sports Med; 40(11):900-5.

25 Matthys C, De Henauw S, Bellemans M, De Maeyer M, De Backer G. Breakfast habits affect overall nutrient profiles in adolescents. Public Health Nutr; 10(4):413-21.

26 Pedersen DJ, Lessard SJ, Coffey VG, Churchley EG, Wooton AM, Ng T, Watt MJ, Hawley JA. (2008). J Appl Physiol; 105(1):7-13.

27 Pendergast DR, Leddy JJ, Venkatraman JT. (2000). A perspective on fat intake in athletes. J Am Coll Nutr;19(3):345-50.

28 Reynolds G. (2008). Swallow This. The New York Times, 1.6.2008.

29 Siu PM, Wong SH. (2004). Use of the glycemic index: effects on feeding patterns and exercise performance. J Physiol Anthropol Appl Human Sci; 23(1):1-6.

30 Smeets AJ, Westerterp-Plantenga MS. (2008). Acute effects on metabolism and appetite profile of one meal difference in the lower range of meal frequency. Br J Nutr; 99(6):1316-21.

31 Sportler Drinks. Oeko-Test, 28.08.2000

32 Stevenson EJ, Williams C, Mash LE, Phillips B, Nute ML. (2006). Influence of high-carbohydrate mixed meals with different glycemic indexes on substrate utilization during subsequent exercise in women. Am J Clin Nutr; 84(2):354-60.

33 Swallow this. The New York Times, 01.06.2008.

34 Tarnopolsky MA, Atkinson SA, Phillips SM, MacDougall JD. (1995). Carbohydrate loading and metabolism during exercise in men and women. J Appl Physiol; 78(4):1360-8.

35 Tarnopolsky MA, Zawada C, Richmond LB, Carter S, Shearer J, Graham T, Phillips SM. (2001). Gender differences in carbohydrate loading are related to energy intake. J Appl Physiol; 91(1):225-30.

36 Timlin MT, Pereira MA, Story M, Neumark-Sztainer D. Breakfast eating and weight change in a 5-year prospective analysis of adolescents: Project EAT (Eating Among Teens). Pediatrics, 121(3):e638-45.

37 Wee SL, Williams C, Tsintzas K, Boobis L.(2005). Ingestion of a high-glycemic index meal increases muscle glycogen storage at rest but augments its utilization during subsequent exercise. J Appl Physiol; 99(2):707-14.

38 What do gymnasts eat anyway? Nbcsports.com, 28.8.2008

39 Williams C, Lamb D. (2008). Does a high-carbohydrate breakfast improve performance? Sports Science Exchange; 21(2):1-8.

Sportlergetränke: Zucker und Salz halten die Leistung.

1 Gibson PR, Newnham E, Barrett JS, Shepherd SJ, Muir JG. (2007). Review article: fructose malabsorption and the bigger picture. Aliment Pharmacol Ther; 25(4):349-63.

2 Jentjens RL, Wagenmakers AJ, Jeukendrup AE. (2002). Heat stress increases muscle glycogen use but reduces the oxidation of ingested carbohydrates during exercise. J Appl Physiol; 1562-72.

3 Jentjens RL, Jeukendrup AE. (2005). High rates of exogenous carbohydrate oxidation from a mixture of glucose and fructose ingested during prolonged cycling exercise. Br J Nutr; 93(4):485-92.

4 Jeukendrup AE, Moseley L, Mainwaring GI, Samuels S, Perry S, Mann CH. (2006). Exogenous carbohydrate oxidation during ultraendurance exercise. J Appl Physiol; 100(4): 1134-41.

5 Sportler Drinks. Oeko-Test, 28.08.2000

6 Williams C, Lamb D. (2008). Does a high-carbo-hydrate breakfast improve performance? Sports Science Exchange; 21(2):1-8.

7 Zapf J, Schmidt W, Lotsch M, Heber U. (1999). Die Natrium-und Flüssigkeitsbilanz bei Langzeitbe-lastungen-Konsequenzen für die Ernährung. Deutsche Zeitschrift für Sportmedizin; Jg 50, 11+12.

Eiweiß als Treibstoff für die Sportskanone.

1 Arndt K. (2001). Handbuch Nahrungsergänzungen. Beurteilung und Anwendung leistungssteigernder Substanzen für Kraftsport & Bodybuilding. Arnsberg: Novagenics Verlag.

2 Arndt K, Albers T. (2004). Handbuch Protein und Aminosäuren. Arnsberg: Novagenics Verlag.

3 Avenell A. (2006). Glutamine in critical care: current evidence from systematic reviews. Proc Nutr Soc; 65(3): 236-41.

4 Ayoama R, Hiruma E, Sasaki H. (2003). Effects of creatine loading in muscular strength and endurance of female softball players. J Sports Med Phys Fitness; 43(4):481-7.

5 Bassit RA, Sawada LA, Bacurau RF, Navarro F, Martins E Jr, Santos RV, Caperuto EC, Rogeri P, Costa Rosa LF. (2002). Branched-chain amino acid supplementation and the immune response of long-distance athletes. Nutrition; 18(5):376-9.

6 Bell JA, Fujita S, Volpi E, Cadenas JG, Rasmussen BB. (2005). Short-term insulin and nutritional energy provision do not stimulate muscle protein synthesis if blood amino acid availability decreases. Am J Physiol Endocrinol Metab; 289(6):E999-1006.

7 Bemben MG, Bemben DA, Loftiss DD, Knehans AW. (2001). Creatine supplementation during resistance training in college football athletes. Med Sci Sports Exerc; 33(10):1667-73.

8 Biolo G, Zorat F, Antonione R, Ciocchi B. (2005). Muscle glutamine depletion in the intensive care unit. Int J Biochem Cell Bio; 37(10):2169-79.

9 Boelens PG, Nijveldt RJ, Houdijk AP, Meijer S, van Leeuwen PA. (2001). Glutamine alimentation in catabolic state. J Nutr; 131(9 Suppl):2569S-77S.

10 Boirie Y, Dangin M, Gachon P, Vasson MP, Maubois JL, Beaufrere B. (1997). Slow and fast dietary proteins differently modulate postprandial protein accretion. Proc Natl Acad Sci USA; 94(26):14930-5.

11 Bowtell JL, Gelly K, Jackman ML, Patel A, Simeoni M, Rennie MJ. (1999). Effect of oral glutamine on whole body carbohydrate storage during recovery from exhaustive exercise. J Appl Physiol; 86(6):1770-7.

12 Brass EP, Hiatt WR. (1998). The role of carnitine and carnitine supplementation during exercise in man and in individuals with special needs. J Am Coll Nutr; 17(3):207-15.

13 Brass EP. (2000). Supplemental carnitine and exercise. Am J Clin Nutr; 72(2 Suppl):618S-23S.

14 Brault JJ, Abraham KA, Terjung, RL. (2003). Muscle creatine uptake and creatine transporter expression in response to creatine supplementation and depletion. J Appl Physiol; 94(6):2173-80.

15. Bundesforschungsinstitut für Ernährung und Lebensmittel. (2008). Nationale Verzehrsstudie II.

16 Candow DG, Chilibeck PD. (2008). Timing of creatin supplementation and resistance training in the elderly. Appl Physiol Nutr Metab; 33(1): 184-90.

17 Carroll JE, Carter AL, Perlman S. (1987). Carnitine deficiency revisited. J Nutr; 117(9):1501-3.

18 Castell LM, Newsholme EA. (1997). The effects of oral glutamine supplementation on athletes after prolonged, exhaustive exercise. Nutrition; 13(7-8):738-42.

19 Castell LM. (2002). Can glutamine modify the apperent immunodepression observed after prolonged, exhaustive exercise? Nutrition; 18(5):371-5.

20 Chilibeck PD, Stride D, Farthing JP, Burke DG. (2004). Effect of creatine ingestion after exercise on muscle thickness in males and females. Med Sci Sports Exerc; 36(10):1781-8.

21 Chilibeck PD, Magnus C, Anderson M. (2007). Effect of in-season creatine supplementation on body composition and performance in rugby union football players. Appl Physiol Nutr Metab;32(6):1052-7.

22 Colombani P, Wenk C, Kunz I, Krähenbühl S, Kuhnt M, Arnold M, Frev-Rindova P, Frey W, Langhans W. (1996). Effects of L-Carnitine supplementation on physical performance and energy metabolism of endurance-trained athletes: a double-blind crossover field study. Eur J Appl Physiol Occup Physiol; 73(5): 434-9.

23 Darragh AJ, Hodgkinson SM. (2000). Quantifying the digestibility of dietary protein. J Nutr; 130(7):1850S-6S.

24 Demling RH, DeSanti L. (2000). Effect of a hypocaloric diet, increased protein intake and resistance training on lean mass gains and fat mass loss in overweight police officers. Ann Nutr Metab; 44(1):21-9.

25 Elmadfa I, Aign W, Muskat E, Fritzsche D. (2001). Die große GU Nährwert Tabelle: Gräfe und Unzer Verlag.

26 Esmarck B, Andersen JL, Olsen S, Richter EA, Mizuno M, Kjaer M. (2001). Timing of postexercise protein intake is important for muscle hypertrophy with resistance training in elderly humans. J Physiol; 535(Pt1): 301-311.

27 Famularo G, Tzantzoglou S, Santini G, Trinchieri V, Moretti S, Koverech A, De Simone C. (1993). L-Carnitine: a partner between immune response and lipid metabolism. Mediators Inflamm; 2(7):S29-32.

28 Ferguson TB, Syrotuik DG. (2006). Effects of creatine monohydrate supplementation on body composition and strength indices in experienced trained women. J Strength Cond Res; 20(4):939-46.

29 Fujita S, Rasmussen BB, Cadenas JG, Grady JJ, Volpi E. (2006). Effect of insulin on human skeletal muscle protein synthesis is modulated by insulin-induced changes in muscle blood flow and amino acid availability. Am J Physiol Endocrinol Metab; 291(4):E745-54.

30 Geyer H, Mareck-Engelke U, Reinhart U, Thevis M, Schänzer W. (2000). Positive Dopingfälle mit Norandrosteron durch verunreinigte Nahrungsergänzungsmittel. Deutsche Zeitschrift für Sportmedizin; Jahrgang 51(11):378-82.

31 Geyer H, Parr MK, Koehler K, Mareck U, Schänzer W, Thevis M. (2008). Nutritional supplements cross-contaminated and faked with doping substances. J Mass Spectrom; 43(7):892-902.

32 Gonder U. (2002). Carnitin im Sport. Deutsche Zeitschrift für Sportmedizin; Jg 53, Nr.12.

33 Goodin S, Shen F, Shih WJ, Dave N, Kane MP, Medina P, Lambert GH, Aisner J, Gallo M, DiPaola RS. (2007). Clinical and biological activity of soy protein powder supplementation in healthy male volunteers. Cancer Epidemiol Biomarkers Prev; 16(4):829-33.

34 Greenwood M, Kreider RB, Greenwood L, Byars A. (2003). Cramping and injury incidence in collegiate football players are reduced by creatine supplementation. J Athl Train; 38(3):216-9.

35 Gustavsen HSM. (2000). Bestimmung des L-Carnitingehaltes in rohen und zubereiteten pflanzlichen und tierischen Lebensmitteln. Dissertation, TH Hannover.

36 Harris RC, Söderland K, Hultman E. (1992). Elevation of creatine in resting and exercised muscle of normal subjects by creatine supplementation. Clin Sci (Lond); 83(3):367-74.

37 Hoffman JR, Falvo MJ. (2004). Protein-which is best? J Spor Sci Med; 3:118-130.

38 Hultman E, Söderlund K, Timmons JA, Cederblad G, Greenhaff PL. (1996). Muscle creatine loading in men. J Appl Physiol; 81(1):232-7.

39 IAAF Athletics. (2007). Nutrition for Athletics. A practical guide to eating and drinking for health and performance in track and field.

40 Izquierdo M, Ibañez J, González-Badillo JJ, Gorostiaga EM. (2002). Effects of creatine supplementation on muscle power, endurance, and sprint performance. Med Sci Sports Exerc; 34(2):332-43.

41 King AJ, Levey AS. (1993). Dietary protein and renal function. J Am Soc Nephrol;3(11):1723-37.

42 Knight EL, Stampfer MJ, Hankinson SE, Spiegelman D, Curhan GC. (2003). The impact of protein intake on renal function decline in women with renal function or mild renal insufficiency. Ann Intern Med;138(6):I51.

43 Kotowski K, Zduczyk S, Janowski T, Ra M. (2006). Einfluss einer L-Carnitin-Zulage auf die Inzidenz des puerperlaen Toxämiesyndroms sowie die Ferkelentwicklung und-verluste bei Sauen. Tierärztl Prax; 34(G):319-23.

44 Kraemer WJ, Volek JS. (2001). L-Carnitin-Supplementierung beim Sportler. Eine neue Perspektive. Schweiz. Zschr.GanzheitsMedizin; 13:256-258.

45 Kraemer WJ, Volek JS, French DN, Rubin MR, Sharman MJ, Gómez AL, Ratamess NA, Newton RU, Jemiolo B, Craig BW, Häkkinen K. (2003). The effects of L-carnitine L-tartrate supplementation on hormonal response to resistance exercise and recovery. J Strength Cond Res; 17(3):455-62.

46 Krajoviová-Kudlaková M, Šimoni R, Béderová A, Babinská K, Béder I. (2000). Correlation of Carnitine Levels to Methionine and Lysine Intake. Physiol Res; 49(3):399-402.

47 Krzywkowski K, Petersen EW, Ostrowski K, Kristensen JH, Boza J, Pedersen BK. (2001). Effect of glutamine supplementation on exercise-induced changes in lymphocyte function. Am J Physiol Cell Physiol. 281(4):C1259-65.

48 Lehmann M, Steinacker JM. (2000). Training, overtraining and regeneration in sport – from the muscle to the brain. Deutsche Zeitschrift für Sportmedizin; Jahrgang 52(1):40-1.

49 Lemon PW, Tarnopolsky MA, MacDougall JD, Atkinson SA. (1992). Protein requirements and muscle mass/strength changes during intensive training in novice bodybuilders. J Appl Phyiol; 73(2):767-75.

50 Lemon PW. (1994). Protein requirements of soccer. J Sports Sci; 12 Spec No:S17-22.

51 Lemon PW. (2000). Beyond the zone: protein needs of active individuals. J Am Coll Nutr; 19(5 Suppl):513S-521S.

52 Luppa D. (2002). Ausgleich belastungsbedingter L-Carnitinverluste mit der Nahrung schützt vor vielfältigen Funktionsstörungen. KCS; 3(3):61-67.

53 Luppa D. (2004). Beteiligung von L-Carnitin an der Regulation des Fett-und Kohlenhydratstoffwechsels. KCS; 5(1):25-34.

54 Luyckx VA, Mardigan TA. (2005). High protein diets may be hazardous for the kidneys. Nephrol Dial Transplant; 19(10):2678-9.

55 Manninen AH. (2004). High-protein weight loss diets and purported adverse effects: where is the evidence? Sports Nutr Review J; 1(1):45-51.

56 Manninen AH. (2005). High-protein diets are not hazardous for the healthy kidneys. Nephrol Dial Transplant; 20(3):657-1.

57 Marchini JS, Cortiella J, Hiramatsu T, Chapman TE, Young VR. (1993). Requirements for indispensable amino acids in adult humans: longer-term amino acid kinetic study with support for the adequacy of the Massachusetts Institute of Technology amino acid requirement pattern. Am J Clin Nutr; 58:670-83.

58 Martin WF, Armstrong LE, Rodriguez NR. (2005). Dietary protein intake and renal function. Nutr Metab (Lond);2:25.

59 Maughan R. (2002). The athlete´s diet: nutritional goals and dietary strategies. Proceedings of the Nutrition Society; 61:87-96.

60 Mayhew DL, Mayhew JL, Ware JS. (2002). Effects of creatine supplementation on liver and kidney functions in American college football players. Int J Sport Nutr Exerc Metab; 12(4):453-60.

61 Miller SL, Tipton KD, Chinkes DL, Wolf SE, Wolfe RR. (2003). Independent and combined effects of amino acids and glucose after resistance exercise. Med Sci Sports Exerc; 35(3): 449-55.

62 Müller M. (2005). Eiweiß und Aminosäuren in der Ernährung. Empfehlungen für eine optimale Versorgung. Schweiz.ZSchr.GanzheitsMedizin Jg.17, Heft 2.

63. Nagata C, Inaba S, Kawakami N, Kakizoe T, Shimizu H. (2000). Inverse association of soy product intake with serum androgen and estrogen concentrations in Japanese men. Nutr Cancer; 36(1):14-8.

64 Nebel R. (2002). Creatin im Sport - Ergogenes Supplement? Deutsche Zeitschrift für Sportmedizin; Jg 53(7+8):213-220.

65 Newsholme P. (2001). Why is L-glutamine metabolism important to cells of the immune system in health, postinjury, surgery or infection? J Nutr; 131(9Suppl):

66 2515S-22S.

67 Nieman DC. (1997). Exercise immunology: practical applications. Int J Sports Med; 18 Suppl 1:S91-100.

68 Nieman DC. (1997). Immune response to heavy exertion. J Appl Physiol; 82:1385-1394.

69 Nieman DC. (2000). Sportimmunologie: Aktuelle Perspektiven für den Sportler. Deutsche Zeitschrift für Sportmedizin; Jg 51(9):291-6.

70 Pedersen EM, Bateman ED. (1983). Ultramarathon running and upper respiratory tract infections. An epidemiological survey. S Afr Med J; 64(15):582-4.

71 Pedersen BK, Ullum H. (1994). NK cell response to physical activity: possible mechanisms of action. Med Sci Sports Exerc; 26(2):140-6.

72 Pedersen BK, Bruunsgaard H, Jensen M, Toft AD, Hansen H, Ostrowski K. (1999). Exercise and the immune system-influence of nutrition and ageing. J Sci Med Sport; 2(3):234-52.

73 Phillips SM, Hartmann JW, Wilkinson SB. (2005). Dietary protein to support anabolism with resistance exercise in young men. J Am Coll Nutr; 24(2):134S-139S.

74. Phinney SD. (2004). Ketogenic diets and physical performance. Nutr Metab; 17(1):2.

75 Plioplys AV, Plioplys S. (1997). Amantadine and L-carnitine treatment of Chronic Fatigue Syndrome. Neuropsychobiology; 35(1):16-23.

76 Poortmans JR, Francaux M. (1999). Long-term oral creatine supplementation does not impair renal function in healthy athletes. Med Sci Sports Exerc; 31(8):1108-10.

77 Poortmans JR, Francaux M. (2000). Adverse effects of creatine supplementation: fact or fiction? Sports Med; 30(3):155-70.

78 Poortmans JR, Dellalieux O. (2000). Do regular high protein diets have potential health risks on kidney function in athletes? Int J Sport Nutr Exerc Metab; 10(1):28-38.

79 Preen D, Dawson B, Goodman C, Beilby J, Ching S. (2003). Creatine supplementation: a comparison of loading and maintenance protocols on creatine uptake by human skeletal muscle. Int J Sports Nutr Exerc Metab; 13(1):97-111-

80 Rasmussen BB, Tipton KD, Miller SL, Wolf SE, Wolfe RR. (2000). An oral essential amino acid-carbohydrate supplement enhances muscle protein anabolism after resistance exercise. J Appl Physiol; 88(2):386-92.

81 Rawon ES, Volek JS. (2003). Effects of creatine supplementation and resistance training in muscle strength and weightlifting performance. J Strength Cond Res; 17(4):822-31.

82 Sarwar G. (1997). The protein digestibility-corrected amino acid score method overestimates quality of proteins containing antinutritional factors and of poorly digestible proteins supplemented with limiting amino acids in rats. J Nutr; 127(5):758-64.

83 Schaafsma G. (2000). The protein digestibility-corrected amino acid score. J Nutr; 130(7):1865S-7S.

84 Schmidt RF, Thews G, Lang F. (2000). Physiologie des Menschen. Berlin Heidelberg: Springer Verlag.

85 Skare OC, Skadberg, Wisnes AR. (2001). Creatine supplementation improves sprint performance in male sprinters. Scand J Med Sci Sports; 11(2):96-102.

86 Steenge GR, Simpson EJ, Greenhaff PL. (2000). Protein-and carbohydrate-induced augmentation of whole body creatine retention in humans. J Appl Physiol;89(3)1165-1171.

87 Stellungnahme des DGE-Arbeitskreises »Sport und Ernährung«: Proteine und Kohlenhydrate im Breitensport 01.05.2001; Forschung, Klinik und Praxis 05/2001.

88 Stephens FB, Constantin-Teodosiu D, Laithwaite D, Simpson EJ, Greenhaff PL. (2005). Insulin stimulates L-Carnitine accumulation in human skeletal muscle. FASEB J; 20(2):377-9.

89 Tallon MJ, Child R. Kre-alkalyn® supplementation has no beneficial effect in creatine-to-creatine conversion rates.

90 Tarnopolsky M, Parise G, Fu MH, Brose A, Parshad A, Speer O, Wallimann T. (2003). Acute and moderate-term creatine monohydrate supplementation does not affect creatine transporter mRNA or protein content in either young or elderly humans. Mol Cell Biochem; 244(1-2):159-66.

91 Tarnopolsky MA, Gibala M, Jeukendrup AE, Phillips SM. (2005). Nutritional needs of elite endurance athletes. Part II: Dietary protein and the potential role of caffeine and creatine. Eur J Spor Sci; 5(2):59-72.

92 Tipton KD, Rasmussen BB, Miller SL, Wolf SE, Owens-Stovall SK, Petrini BE, Wolfe RR. (2001). Timing of amino acid-carbohydrate ingestion alters anabolic response of muscle to resistance exercise. Am J Physiol Endocrinol Metab; 281(2):E197-206.

93 Tipton KD, Elliott TA, Cree MG, Aarsland AA, Sanford AP, Wolfe RR. (2007). Stimulation of net muscle protein synthesis by whey protein ingestion before and after exercise. Am J Phyiol Endocrinol Metab; 292(1):E71-6.

94 Volek JS, Kramer WJ, Rubin MR, Gómez AL, Ratamess NA, Gaynor P. (2002). L-Carnitine L-tartrate supplementation favorably affects markers of recovery from exercise stress. Am J Physiol Endocrinol Metab; 282(2):E474-82.

95 Volek JS, Rawson ES. (2004). Scientific basis and practical aspects of creatine supplementation for athletes. Nutrition; 20(7-8): 609-14.

96 Volk O, Neumann G. (2001). Verhalten ausgewählter Aminosäuren während eines Dreifachtriathlons. Deutsche Zeitschrift für Sportmedizin; Jg 52(5):169-174.

97 Warnecke M. (2008). Proteine/ Aminosäuren im Sport. Medical Sports Network; 2-5.

98 Weiß M, Schmid A, Baum M, Liesen H. (1999). Einfluß einer extensiven Belastung auf das Aminosäurenspektrum und die Homocysteinplasmakonzentration. Deutsche Zeitschrift für Sportmedizin; Jg 50, Nr.5:152-157.

99 Welbourne TC. (1995). Increased plasma bicarbonate and growth hormone after an oral glutamine load. Am J Clin Nutr; 61(5):1058-61.

100 Welbourne T, Claville W, Langford M. (1998). An oral glutamine load enhances renal acid secretion and function. Am J Clin Nutr; 67(4):660-3.

101 Wilkinson SB, Kim PL, Armstrong D, Philipps SM. (2006). Addition of glutamine to essential amino acids and carbohydrate does not enhance anabolism in young human males following exercise. Appl Physiol Nutr Metab; 31(5):518-29.

102 Williams M. (2005). Dietary supplements and sports performance: amino acids. J Int Soc Sports Nutr;2:63-7. Wolf G. (2006). The discovery of a vitamin role for carnitine: The first 50 years. J Nutr; 136(8):2131-4.

103 Wolfe RR. (2000). Protein supplements and exercise. Am J Clin Nutr. 2000 Aug;72(2 Suppl):551S-7S.

104 Wolfe RR. (2006). Skeletal muscle protein metabolism and resistance exercise. J Nutr; 136(2):525S-528S.

105 Wu AH, Stanczyk FZ, Hendrich S, Murphy PA, Zhang C, Wan P, Pike MC. (2000). Effects of soy foods on ovarian function in premenopausal women. Br J Cancer; 82(11):1879-86.

106 Wu AH, Koh WP, Wang R, Lee HP, Yu MC. (2008). Soy intake and breast cancer risk in Singapore Chinese Health Study. Br J Cancer;99(1):196-200.

Mit Fett den Muskelturbo zünden.

1 Adam-Perrot A, Clifton P, Brouns F. (2006). Low-carbohydrate diets: nutritional and physiological aspects. Obes Rev; 7(1):49-58.

2 Achten J, Jeukendrup AE. (2003). The effect of pre-exercise carbohydrate feedings on the intensity that elicits maximal fat oxidation. J Sports Sci; 21(12):1017-24

3 Clifton PM, Keogh JB, Noakes M. (2004). Trans fatty acids in adipose tissue and the food supply are associated with myocardial infarction. J Nutr;134(4):874-9.

4 Delarue J, Labarthe F, Cohen R. (2003). Fish-oil supplementation reduces stimulation of plasma glucose fluxes during exercise in untrained males. Br J Nutr; 90(4):777-86.

5 Freeman JM, Kossoff EH, Hartman AL. (2007). The ketogenic diet: one decade later. Pediatrics; 119(3):535-43.

6 Grieb P, Kłapciska B, Smol E, Pilis T, Pilis W, Sadowska-Krepa E, Sobczak A, Bartoszewicz Z, Nauman J, Staczak K, Langfort J. (2008). Long-term consumption of a carbohydrate-restricted diet does not induce deleterious metabolic effects. Nutr Res.;28(12):825-33.

7 Havemann L, West SJ, Goedecke JH, Macdonald IA, St Clair Gibson A, Noakes TD, Lambert EV. Fat adaptation followed by carbohydrate loading compromises high-intensity sprint performance. (2006). J Appl Physiol; 100(1):194-202.

8 Iso H, Rexrode KM, Stampfer MJ, Manson JE, Colditz GA, Speizer FE, Hennekens CH, Willett WC. (2001). Intake of fish and omega-3 fatty acids and risk of stroke in women. JAMA, 285(3):304-12.

9 Johnstone AM, Horgan GW, Murison SD, Bremner DM, Lobley GE. (2008). Effects of a high-protein ketogenic diet on hunger, appetite, and weight loss in obese men feeding ad libitum. Am J Clin Nutr; 87(1):44-55.

10 Kalifornien verbietet gesundheitsgefährdende Fette. www.spiegel.de, 26. Juli 2008

11 Knechtle B. (2005). Kann Fatloading die Ausdauerleistung verbessern? Schweizerische Zeitschrift für Sportmedizin und Sporttraumatologie; 53(4):179-184.

12 Mack I, Hauner H. (2007). Low Carb. Kohlenhydratarme Kostformen unter die Lupe genommen. Ernährungs Umschau 12:720-726.

13 Mozaffarian D, Aro A, Willett WC. (2009). Health effects of trans-fatty acids: experimental and observational evidence. Eur J Clin Nutr; 63 Suppl 2:S5-21.

14 Phinney SD. (2004). Ketogenic diets and physical performance. Nutr Metab (Lond);1(1):2.

15 Rowlands DS, Hopkins WG. (2002). Effects of high-fat and high-carbohydrate diets on metabolism and performance in cycling. Metabolism; 51(6):678-90.

13 Simopoulos AP. (2007). Omega-3 fatty acids and athletics. Curr Sports Med Rep; 6(4):230-6.

16 Simopoulos AP. (2008). The importance of the omega-6/omega-3 fatty acid ratio in cardiovascular disease and other chronic diseases. Exp Biol Med (Maywood); 233(6):674-88.

17 von Schacky C, Harris WS. (2007). Cardiovascular benefits of omega-3 fatty acids. Cardiovasc Res; 73(2):310-5.

18 Westman EC, Feinman RD, Mavropoulos JC, Vernon MC, Volek JS, Wortman JA, Yancy WS, Phinney SD. (2007). Low-carbohydrate nutrition and metabolism. Am J Clin Nutr; 86(2):276-84.

19 Wheless JW. History of the ketogenic diet. Epilepsia; 49 Suppl 8:3-5.

Weniger Körperfett für mehr Leistung.

1 American Heart Association comments on weight loss study comparing low carbohydrate/high protein, Mediterranean style and low fat diets. (2008). http://americanheart.mediaroom.com/index. php?s=43&item=473&printable.

2 Boden G, Sargrad K, Homko C, Mozzoli M, Stein TP. (2005). Effect of a low-carbohydrate diet on appetite, blood glucose levels, and insulin resistance in obese patients with type 2 diabetes. Ann Intern Med; 142(6):403-11.

3 Buchholz AC, Schoeller DA. (2004). Is a calorie a calorie? Am J Clin Nutr; 79(5):899S-906S.

4 Dumesnil JG, Turgeon J, Tremblay A, Poirier P, Gilbert M, Gagnon L, St-Pierre S, Garneau C, Lemieux I, Pascot A, Bergeron J, Després JP. (2001). Effect of a low-glycaemic index – low-fat – high protein diet on the atherogenic metabolic risk profile of abdominally obese men. Br J Nutr; 86(5):557-68.

5 Giovannini M, Verduci E, Scaglioni S, Salvatici E, Bonza M, Riva E, Agostoni C. (2008). Breakfast: a good habit, not a repetitive custom. J Int Med Res;36(4):613-24.

6 Halton TL, Hu FB. (2004). The effects of high protein diets on thermogenesis, satiety and weight loss: a critical review. J Am Coll Nutr; 23(5):373-85.

7 Hession M, Rolland C, Kulkarni U, Wise A, Broom J. (2008). Systematic review of randomized controlled trials of low-carbohydrate vs. low-fat/low-calorie diets in the management of obesity and its comorbidities. Obes Rev;10(1):36-50. Epub 2008 Aug 11.

8 Johnston CS, Day CS, Swan PD. (2002). Postprandial thermogenesis is increased 100% on a high-protein, low-fat diet versus a high-carbohydrate, low-fat diet in healthy, young women. J Am Clin Nutr; 21(1):55-61.

9 Kerksick C, Harvey T, Stout J, Campbell B, Wilborn C, Kreider R, Kalman D, Ziegenfuss T, Lopez H, Landis J, Ivy JL, Antonio J. (2008). International Society of Sports Nutrition position stand: Nutrient timing. J Int Soc Sports Nutr; 5:17.

10 Leidy HJ, Carnell NS, Mattes RD, Campbell WW. (2007). Higher protein intake preserves lean mass and satiety with weight loss in pre-obese and obese women. Obesity (Silver Spring); 15(2):421-9.

11 Ludwig DS, Pereira MA, Kroenke CH, Hilner JE, Van Horn L, Slattery ML, Jacobs DR Jr. (1999). Dietary fiber, weight gain, and cardiovascular disease risk factors in young adults. JAMA; 282(16):1539-46.

12 Moran LJ, Luscombe-Marsh ND, Noakes M, Wittert GA, Keogh JB, Clifton PM. (2005). The satiating effect of dietary protein is unrelated to postprandial ghrelin secretion. J Clin Endocrinol Metab; 90(9):5205-11.

13 Paddon-Jones D, Westman E, Mattes RD, Wolfe RR, Astrup A, Westerterp-Plantenga M. (2008). Protein, weight management, and satiety. Am J Clin Nutr; 87(5):1558S-1561S.

14 Shai I, Schwarzfuchs D, Henkin Y, Shahar DR, Witkow S, Greenberg I, Golan R, Fraser D, Bolotin A, Vardi H, Tangi-Rozental O, Zuk-Ramot R, Sarusi B, Brickner D, Schwartz Z, Sheiner E, Marko R, Katorza E, Thiery J, Fiedler GM, Blüher M, Stumvoll M, Stampfer MJ; Dietary Intervention Randomized Controlled Trial (DIRECT) Group. (2008). Weight loss with a low-carbohydrate, Mediterranean, or low-fat diet. N Engl J Med; 17;359(3):229-41.

15 Vander Wal JS, Marth JM, Khosla P, Jen KL, Dhurandhar NV. (2005). Short-term effect of eggs on satiety in overweight and obese subjects. J Am Coll Nutr; 24(6):510-5.

16 Vander Wal JS, Gupta A, Khosla P, Dhurandhar NV. (2008). Egg breakfast enhances weight loss. Int J Obes (Lond); 32(10):1545-51.

17 Volek JS, Sharman MJ. (2004). Cardiovascular and hormonal aspects of very-low-carbohydrate ketogenic diets. Obes Res; 12 Suppl 2:115S-23S.

18 Volek J, Sharman M, Gómez A, Judelson D, Rubin M, Watson G, Sokmen B, Silvestre R, French D, Kraemer W. (2004). Comparison of energy-restricted very low-carbohydrate and low-fat diets on weight loss and body composition in overweight men and women. Nutr Metab (Lond); 1(1):13.

19 Volek JS, Vanheest JL, Forsythe CE. (2005). Diet and exercise for weight loss: a review of current issues. Sports Med; 35(1):1-9.

20 Westman EC, Feinman RD, Mavropoulos JC, Vernon MC, Volek JS, Wortman JA, Yancy WS, Phinney SD. (2007). Low-carbohydrate nutrition and metabolism. Am J Clin Nutr; 86(2):276-84.

21 Worm N. Macht Fett fett und fettarm schlank? DMW 2002;127:2743-2747.

Mehr für die Gesundheit tun: Die LOGIsche Alternative.

1 Clifton PM, Keogh JB, Noakes M. (2004). Trans fatty acids in adipose tissue and the food supply are associated with myocardial infarction. J Nutr;134(4):874-9.

2 Clinical Nutrition guideline for overweight and obese adults with type 2 diabetes, prediabetes or those at high risk for developing type 2 diabetes. (2005). Joslin Diabetes Center & Joslin Clinic.

3 Großhauer M. (2009). Iss doch LOGIsch. Triathlon;70:80-82.

4 Heaney RP, Layman DK. (2008). Amount and type of protein influences bone health. Am J Clin Nutr; 87(5):1567S-1570S.

5 Layman DK, Clifton P, Gannon MC, Krauss RM, Nuttall FQ. (2008). Protein in optimal health: heart disease and type 2 diabetes. Am J Clin Nutr; 87(5):1571-1575S.

6 Ludwig DS. Dietary glycemic index and obesity. J Nutr 2000;130:280S-283S.

7 Mangiameli F. (2005). Veröffentlicht im LOGI-Forum auf www.forum.logi-methode.de

8 Manninen AH. (2006). Very-low-carbohydrate diets and preservation of muscle mass. Nutr Metab (Lond); 31:3:9.

9 Millward DJ, Layman DK, Tomé D, Schaafsma G. (2008). Protein quality assessment: impact of expanding understanding of protein and amino acid needs for optimal health. AmJ Clin Nutr; 87(5):1576S-1581S.

10 Mozaffarian D, Rimm EB, Herrington DM. (2004). Dietary fats, carbohydrate, and progression of coronary atherosclerosis in postmenopausal women. Am J Clin Nutr;80(5):1175-84.

11 Paddon-Jones D, Westman E, Mattes RD, Wolfe RR, Astrup A, Westerterp-Plantenga M. (2008). Protein, weight management, and satiety. Am J Clin Nutr; 87(5):1558S-1561S.

12 Rodriguez NR, Garlick PJ. (2008). Introduction to Protein Summit 2007: exploring the impact of high-quality protein on optimal health. Am J Clin Nutr; 87(5):1551S-1553S.

13 Thomas DE, Elliott EJ, Baur L. (2007). Low glycaemic index or low glycaemic load diets for overweight and obesity. Cochrane Database Syst Rev; 18(3):CD005105.

14 Volek JS, Sharman MJ, Gómez AL, Scheett TP, Kraemer WJ. (2003). An isoenergetic very the total cholesterol to HDL cholesterol ratio and postprandial pipemic responses compared with a low fat diet in normal weight, normolipidemic women. J Nutr; 133(9):2756-61.

15 Volek J, Sharman M, Gómez A, Judelson D, Rubin M, Watson G, Sokmen B, Silvestre R, French D, Kraemer W. (2004). Comparison of energy-restricted very low-carbohydrate and low-fat diets on weight loss and body composition in overweight men and women. Nutr Metab (Lond); 1(1):13.

16 Westman EC, Yancy WS Jr, Mavropoulos JC, Marquart M, McDuffie JR. (2008). The effect of a low-carbohydrate, ketogenic diet versus a low-glycemic index diet on glycemic control in type 2 diabetes mellitus. Nutr Metab (Lond);5:36.

17 Wolfe RR. (2008). Protein Summit: consensus areas and future research. Am J Clin Nutr; 87(5):1528S-1583S.

18 Worm N. (2003). Glücklich und schlank. Die LOGI-Methode in Theorie und Praxis. Systemed-Verlag.

19 Worm N. (2007). Ernährungsempfehlungen beim metabolischen Syndrom. Schweizer Zeitschrift für Ernährungsmedizin;5:29-34.

Low-Carb in der Sportlerküche: Die tägliche Praxis.

1 Jakuš V, Rietbock N. (2004). Advanced glycation end-products and the progress fo diabetic vascular complications. Physiol Res; 53:131-142.

2 Krajoviová-Kudlaková M, Šebeková K, Schinzel R, Klvanocá J. (2002). Advanced glycation end products and nutrition. Physiol Res;51:313-316.

3 Mangiameli F, Lemberger H. (2009). Das neue grosse LOGI-Kochbuch. Systemed Verlag.

4 Tschöpe D. (2007). Wenn Zucker mit Proteinen reagiert: AGEs. Herz-und Diabteszentrum Nordrhein Westfalen.

5 Xanthis A, Hatzitolios A, Koliakos G, Tatola V. (2007). Advanced glycosylation end products and nutrition – a possible relation with diabetic atherosclerosis and how to prevent it. J Food Sci;72(8):R125-9.

Leseempfehlungen rund um LOGI und um den gesunden Lebensstil.

LOGI-METHODE. Glücklich und schlank. Mit viel Eiweiß und dem richtigen Fett. Von Dr. Nicolai Worm. Nicolai Worm rechnet in seinem Grundlagenwerk mit fettreduzierter und kohlenhydratlastiger Diät-(Un-)Kultur ab. Bei einer Ernährung nach der LOGI-Methode bleibt der Blutzuckerspiegel konstant, starke Blutzuckerschwankungen und -spitzen werden vermieden und der Insulinspiegel wird dadurch relativ niedrig gehalten. Gleich ausprobieren – mit 7? köstliche Rezeptideen. ISBN 978-3-927372-26-9 *19,90 EUR*

LOGI-METHODE. Das große LOGI-Kochbuch. Von Franca Mangiameli. Spitzenköche wie Alfons Schuhbeck und Vincent Klink, Ralf Zacherl, Christian Henze und Andreas Gerlach berücksichtigen das LOGI-Prinzip schon seit langem. Sie offenbaren für das LOGI-Kochbuch ihre 5? besten LOGI-Rezepte. Dazu hat auch Franca Mangiameli noch 70 neue LOGI-Kreationen entwickelt. Rezepte für stärkearme Brottaler und Pizza, Hauptgerichte mit viel Fisch oder Fleisch und Gemüse, Frühstücksideen und süße Cremes, Aufläufe und Salate.
ISBN 978-3-927372-29-0 *18,90 EUR*

LOGI-METHODE. Das neue große LOGI-Kochbuch. Von Franca Mangiameli und Heike Lemberger. Wie ersetze ich Sättigungsbeilagen? Was kann ich LOGI-kochen, wenn ich auf Desserts, Gebäck und Beilagen nicht verzichten möchte? LOGI und Vegetarismus? Intelligente Alternativen finden heißt die Zauberformel. Damit lassen sich auch »Pizza/Pommes/Pasta«, köstliche Desserts und festliche Menüs nach LOGI zaubern. Glauben Sie nicht? Franca Mangiameli und Heike Lemberger beweisen es gern. Mit 120 erstaunlichen neuen Rezeptideen.
ISBN 978-3-927372-44-3 *19,95 EUR*

LOGI-METHODE. LOGI-Guide. Von Franca Mangiameli und Dr. Nicolai Worm. Im LOGI-Guide finden Sie die Angaben zur glykämischen Last und zum glykämischen Index, zu Kohlenhydraten, Fetten, Eiweißen und Ballaststoffen – pro 100 Gramm und pro Portion. Für mehr als 500 Lebensmittel. So erhalten Sie schnelle Antworten auf die Frage, ob ein Lebensmittel eher gute oder schlechte Kohlenhydrate enthält. ISBN 978-3-927372-28-3 *6,90 EUR*

LOGI-Methode. Die LOGI-Kochkarten. Die besten Rezepte aus über fünf Jahren LOGI im systemed Verlag – auf 64 attraktiven und appetitlich gestalteten Rezeptkarten. Für die Menüplanung, als Einkaufshilfe und schnelle Anregung, als gesundes, individuelles Geschenk oder dekorative Sammelkartenbox. ISBN 978-3-927372-45-0 *17,95 EUR*

LOGI-Methode. Abnehmen lernen. In nur zehn Wochen. Von Heike Lemberger und Franca Mangiameli. Der ganz persönliche Ernährungsplaner zum Angriff auf Ihr Wunschgewicht. Ein persönliches Powerprogramm für Ihren Einstieg in die LOGI-Ernährung. Ein detailliertes Tagebuch, ideal zum Nachhalten von Zielen und Erfolgen, Werten und Leistungen. Das perfekte Arbeitsbuch für ein Leben mit LOGI. Mit zahlreichen Tipps, Infos und Ideen. Der Mitmachratgeber, auf den alle LOGI-Fans gewartet haben.
ISBN 978-3-927372-46-7 *18,95 EUR*

LOGI-Methode. Der LOGI-Tageskalender 2010. 365 Tage LOGI. Jeden Tag ein guter Tipp, eine kleine Anregung, ein wissenswerter Fakt, eine interessante Rezeptidee oder ein kluger Denkanstoß. Eine schöne Art, sich jeden Tag ein bisschen mehr mit LOGI zu beschäftigen.
ISBN 978-3-927372-48-1 *14,95 EUR*

www.systemed.de

Leicht abnehmen! Geheimrezept Eiweiß. Von Dr. Hardy Walle und Dr. Nicolai Worm. So halten Sie Ihr Wunschgewicht auf Dauer: Mit der Gesundheitskombination aus Formula-Diät, sportlicher Bewegung und LOGI-Ernährung fällt das ganz leicht! Wie und warum Sie endlich die erwünschten Abnehmerfolge erzielen und halten, vermittelt dieses leicht verständliche Standardwerk zum Powerstoff Eiweiß. **ISBN 978-3-927372-39-9** *19,95 EUR*

Leicht abnehmen! Das Rezeptbuch. Von Dr. Hardy Walle. Sehen Sie selbst, wie harmonisch LOGI und eiweißreiche Ernährung nach und während einer Formula-Diät zum Erreichen Ihres Wunschgewichts zusammenwirken. Probieren Sie die gesunde LOGI-Ernährung anhand von 70 abwechslungsreichen Rezepten aus. Lassen Sie sich inspirieren, einfach einmal neue Ernährungswege einzuschlagen. **ISBN 978-3-927372-40-5** *12,95 EUR*

LOGI-Grundlagenbroschüren:

Den Typ-2-Diabetes an der Wurzel packen. Ein Ernährungsratgeber für Diabetiker und solche, die es nicht werden wollen. Erhältlich nur beim Verlag.

Syndrom X: Metabolisches Syndrom. Ein Ratgeber für Patienten mit Übergewicht, Bluthochdruck und Fettstoffwechselstörungen. Erhältlich nur beim Verlag.

Süßes Blut rächt sich bitter. Auf einen Blick: Das Basiswissen zur LOGI-Methode. Erhältlich nur beim Verlag.

Paketpreis für die drei Grundlagenbroschüren: 7,50 EUR

LOGI-Praxisbroschüren:

LOGI im Alltag. Einfach umdenken und anfangen. Ein praxisnaher Wegweiser für die ersten Gehversuche mit der LOGI-Methode. **ISBN 978-3-927372-35-1** *3,90 EUR*

Ernährungstherapie nach der LOGI-Methode. Die tägliche Umsetzung der kohlenhydratreduzierten Ernährung. **ISBN 978-3-927372-36-8** *4,90 EUR*

systemed Verlag
Kastanienstraße 10 · D-44534 Lünen
Telefon   02306 63934
Telefax   02306 61460
www.systemed.de
faltin@systemed.de

Syndrom X oder Ein Mammut auf den Teller! Von Dr. Nicolai Worm. Die menschlichen Gene sind auf ein Essen und Trinken wie im Schlaraffenland schlecht vorbereitet. Ernährungsabhängige Störungen nehmen rapide zu, Syndrom X entwickelt sich weltweit zu einer tödlichen Epidemie nie gekannten Ausmaßes. Der Autor verrät, wie die Spezies Mensch auf die schiefe Ernährungsbahn geraten ist und warum die angeblich »gesunde« Ernährung tatsächlich krank macht. ISBN 978-3-927372-23-8 *19,90 EUR*

Sind wir morgen alle dick? 40 Jahre Ernährungslügen. 10 Kilo Übergewicht. Von Pierre Weill. Das Haushaltsbudget für Nahrungsmittel wird immer kleiner. Für die Zubereitung der Mahlzeiten nehmen wir uns immer weniger Zeit. Das hat der Entwicklung und Verbreitung neuer Zivilisationskrankheiten enormen Vorschub geleistet. Denn obwohl wir im Mittel immer weniger essen, nimmt die Zahl der Fettleibigen explosionsartig zu. Irgendetwas scheint im »Reich des schnellen Essens« und der Ernährungsempfehlungen nicht zu stimmen.
ISBN 978-3-927372-52-8 *15,95 EUR*

Mehr vom Sport! Low-Carb und LOGI in der Sporternährung. Von Clifford Opoku-Afari, Dr. Nicolai Worm und Heike Lemberger. Die Nudelparty ist out! Weniger Kohlenhydrate, mehr Eiweiß und gesunde Fette lautet das Motto moderner Sporternährung! Was ist der optimale Treibstoff für Athleten, Fitnessfans, Ball-, Kraft- und Ausdauersportler? Viel Neues zu Aminosäuren, Fettabbau, Leistungssteigerung mit Köpfchen, Muskelaufbau und Regeneration. ISBN 978-3-927372-41-2 *19,95 EUR*

Heilkraft D. Wie das Sonnenvitamin vor Herzinfarkt, Krebs und anderen Krankheiten schützt. Von Dr. Nicolai Worm. Führende US-Forscher belegen: Bis zu 80 Prozent unserer Bevölkerung haben eine Mangelversorgung an Vitamin D und damit ein dramatisch erhöhtes Risiko für Herzinfarkt, Krebs, Parkinson, multiple Sklerose, Osteoporose, Muskelschwund bis hin zu Erkältungskrankheiten. Dieses Buch bringt sprichwörtlich Licht ins Dunkle und räumt mit Sonnenhysterie, Hautkrebslüge und Lichtschutzfalle auf!
ISBN 978-3-927372-47-4 *15,95 EUR*

Allergien vorbeugen. Allergieprävention heute. Von Dr. Imke Reese und Christiane Schäfer. Nachwuchs kündigt sich an – und nun? Heißt es plötzlich alles zu meiden, was Allergien auslösen könnte? Was dürfen Schwangere und stillende Mütter noch essen? Wie ernährt man allergiegefährdete Säuglinge? Muss man Nahrungsmittel mit hohem Allergiepotenzial meiden? Was ist mit Haustieren? Wie sieht ein allergenfreies Kinderzimmer aus? Aktuelle Daten zeigen, dass Verzicht und Verbot offenbar in die völlig falsche Richtung geführt haben. Die zeitgemäße Allergieprävention heißt, gezielt die Toleranzentwicklung fördern!
ISBN 978-3-927372-50-4 *14,95 EUR*

Homöopathie – sanfte Heilkunst für Babies und Kinder. Von Angelika Szymczak. Der erste Ratgeber auf dem Markt, der in Wort und Bild die Homöopathie verständlich macht. Die Autorin, Heilpraktikerin und klassische Homöopathin vermittelt, gemeinsam mit der Künstlerin und Feng-Shui-Beraterin Lucie Szymczak, durch Texte und Bilder eine etwas andere Herangehensweise an das gesuchte Heilmittel. Dabei wird gezeigt, wie leichte akute Beschwerden richtig behandelt werden, wie Homöopathen die Vorgeschichte eines Krankheitsbildes ermitteln und über die Bewertung der Symptome zum richtigen Heilmittel finden.
ISBN 978-3-927372-49-8 *18,95 EUR*